Gerhard Merz

RAUH NÄCHTE

Das Mysterium der zwölf Schicksalstage

Kompakt-Ratgeber

Haben Sie Fragen an Gerhard Merz?
Anregungen zum Buch?
Erfahrungen, die Sie mit anderen teilen möchten?

Nutzen Sie unser Internetforum:
www.mankau-verlag.de

mankau

Impressum

Bibliografische Information der Deutschen Nationalbibliothek
Die Deutsche Nationalbibliothek verzeichnet diese Publikation in der Deutschen Nationalbibliografie; detaillierte bibliografische Daten sind im Internet über http://dnb.d-nb.de abrufbar.

Gerhard Merz
Rauhnächte – Das Mysterium der zwölf Schicksalstage
Kompakt-Ratgeber
ISBN 978-3-86374-416-8
1. Auflage Oktober 2017

Mankau Verlag GmbH
D-82418 Murnau a. Staffelsee
Im Netz: www.mankau-verlag.de
Internetforum: www.mankau-verlag.de/forum

Redaktion: Julia Feldbaum, Augsburg
Endkorrektorat: Susanne Langer M. A., Germering
Cover/Umschlag: Andrea Barth, Guter Punkt GmbH & Co. KG, München
Layout: X-Design, München
Satz und Gestaltung: Lydia Kühn, Aix-en-Provence, Frankreich
Energ. Beratung: Gerhard Albustin, Raum & Form, Winhöring

Bildnachweis:

© Colourbox 4, 6–7

© Can Stock Photo CANopus: Symbole 4, 5, 21, 23 etc.; Foto-Ruhrgebiet: 5, 58; photooasis: 13; mirvav: 15; Toniflap: 28; Amaviael: 33/Umschlag U2; Anke: 35; sundraw: 36; LianeM: 40; viperagp: 42; BurAnd: 44; chelnok: 45; PinkBadger: 56/ Umschlag U3; danr13: 84; verdateo: 102; Nowhereman: 111; dbrus: 116; vilax: 126

© Fotolia Erica Guilane-Nachez: 10/Umschlag U2; Annatamila: 62

Druck: Westermann Druck Zwickau GmbH, Zwickau/Sachsen

»Ich bin ein Öko-Buch!«
Das im Innenteil eingesetzte EnviroTop-Recyclingpapier wird ohne zusätzliche Bleiche, ohne optische Aufheller und ohne Strichauftrag produziert. Es besteht zu 100 % aus recyceltem Altpapier und entstammt einer CO_2-neutralen Produktion. Das Papier trägt das Umweltzeichen »Der blaue Engel«.

Hinweis für die Leser:
Der Autor hat bei der Erstellung dieses Buches Informationen und Ratschläge mit Sorgfalt recherchiert und geprüft, dennoch erfolgen alle Angaben ohne Gewähr. Verlag und Autor können keinerlei Haftung für etwaige Schäden oder Nachteile übernehmen, die sich aus der praktischen Umsetzung der in diesem Buch vorgestellten Anwendungen ergeben. Bitte respektieren Sie die Grenzen der Selbstbehandlung und suchen Sie bei Erkrankungen einen erfahrenen Arzt oder Heilpraktiker auf.

Vorwort

Die zwölf Rauhnächte waren für unsere Vorfahren eine ganz besondere, eine heilige Zeit, eine Zeit zwischen den Jahren. Es war eine Zeit außerhalb der Zeit, mit langen, kalten Nächten, in denen die Tore zur Ahnen- und Anderswelt weit offen standen. Zum Schutz vor Dämonen wurden Haus und Hof geräuchert. Es waren Tage voller Magie, in denen wilde Geisterheere über das Land tobten, Hexen, Teufel und Kobolde den Menschen Angst und Schrecken einjagten, in denen althergebrachte Bräuche und Rituale ausgeübt wurden. Es war möglich, das Wetter des kommenden Jahres zu erfahren, die Träume in den Rauhnächten offenbarten viel Zukünftiges.

Es wurde nicht mehr gearbeitet, es wurde des vergangenen Jahres gedacht. Was war gut im alten Jahr? Was bringt das neue? Wie dreht sich das Rad des Lebens weiter?

Die Rauhnächte bieten auch für uns »moderne Menschen« die Gelegenheit, einmal den Alltag loszulassen, in die Stille zu gehen, nachzudenken, Rückbesinnung zu üben, um sich selbst näherzukommen. Das hilft, neue Kräfte und Energien zu sammeln.

München, im Oktober 2017
Gerhard Merz

Inhalt

Rauhnächte – Bedeutung und Brauchtum

Rauhnächte – die Tage zwischen den Jahren

Die Zeit zwischen den Jahren gilt als die eigentliche Rauhnachtzeit. Es sind die Tage um den Jahreswechsel. In einigen Regionen unseres Landes (Norddeutschland, Süddeutschland, Österreich, Tirol) begannen die Rauhnächte oder die Zwölften zu anderen Zeiten, nämlich am 1. Dezember. Sie endeten am 6. Januar, dem Dreikönigstag. In Bayern fingen sie am Thomastag (21. Dezember, siehe Seite 49 ff.) an, in Franken und Mecklenburg waren es die zwölf Tage nach Neujahr. Die Tage wurden in Nächten gezählt; die »Zwölften« entsprachen der Anzahl von Tagen oder Nächten, welche die Differenz zwischen dem Mondjahr (354 Tage) und dem Sonnenjahr (366 Tage) ausmachen. So heißt es im elften Kapitel des Buches »Germania« des römischen Geschichtsschreibers Tacitus: »Die Nacht erschien (den Germanen) als Vorgängerin des Tages, sie galt als Mutter des Tages.« Im normalen Sprachgebrauch sagt man noch heute statt einer Woche acht Tage. Und schon in der »Edda« (Sammlung alter nordischer Dichtungen) findet sich der Ausdruck »âtta naetr« (acht Nächte). Wenn unsere Vorfahren eine Frist von einer Woche setzten, so rechneten sie die Zeitspanne erst mit dem auf die siebte Nacht (die letzte) folgenden Tag zu Ende; sie zählten also sieben Tage und einen Tag, gaben somit einen Tag dazu.

Nächte außerhalb der Zeit

Es ist eine ganz besondere Zeit, in der Träume wahr werden, in der sich der Schleier der Anderswelt für zwölf Nächte hebt. Es sind die Nächte »außerhalb der Zeit«, in der bestehende Naturgesetze und Regularien außer Kraft gesetzt und die Tabugrenzen zu anderen Welten und Sphären weit geöffnet waren. Man glaubte, dass die göttliche Ordnung aussetzte.

Wer berufen war, zu sehen und wahrzunehmen, konnte in der »toten Zeit« viel über sich, über sein Leben und über zukünftiges Geschehen erfahren. An den Rauhnächten sollte man das sichere Haus nicht verlassen, denn um Höfe und Anwesen schlichen Dämonen, Werwölfe, Hexen, Teufel und andere üble Geisterwesen und bedrohten Menschen und Tiere. Zu allen Schrecken gesellte sich auch noch Odin, der wilde Jäger, der Wode, der mit seinem wilden Heer, der sogenannten Wilden Jagd, Angst und Schrecken verbreitete. Er herrschte über die Rauhnächte, bis er sich am 5. Januar um Mitternacht, der Nacht, die dem Dreikönigstag weichen musste, wieder in sein unheimliches Reich zurückzog.

Die »Wilde Jagd«

Dieser Begriff geistert seit vielen Jahrhunderten durch die Mythen und Überlieferungen. Die Wilde Jagd wird meist mit dem Übergang vom alten Jahr ins neue Jahr verbunden. Anführer der Wilden Jagd ist Odin (Wodan), der einäugige germanische Gott, der das achtbeinige

Pferd Sleipnir reitet und von den Wölfen Geri und Freki (der Gierige und der Gefräßige) und den Raben Hugin (Gedanke) und Munin (Gedächtnis/Erinnerung) begleitet wird. Er ist der höchste und älteste aller Götter und trägt viele Namen: Allvater, Galgengott, Herr der Gefallenen, Grimnir, der Dritte. Auch Wildjäger, Helljäger oder Nachtjäger. Bei den Nordgermanen hieß er Odin, bei den Westgermanen Wodan. Odin, als Walvater, wählte die auserwählten Helden und Walküren (die im Dienste Wodans stehenden »Totenwählerinnen« aus), die in Walhall Aufnahme fanden.

Wodans Welt und Herrschaftsbereich ist Walhall, wo die in der Schlacht getöteten Krieger sich um ihn versammeln und ihm huldigen. Odin, der oberste aller Asen, der Allvater, gebietet dem Wodesheer, das die Menschen während der Rauhnächte in Angst und Schrecken versetzt.

Odins Geisterzug besteht aus toten Seelen, aus Menschen, die vorzeitig gewaltsam oder unglücklich zu Tode kamen. Aus ungetauften Kindern, Hexen, Druden, bösen Geistern, Kobolden und – nach einer sehr alten Überlieferung – aus einem einäugigen Schwein. Wenn das wilde Heer in den Rauhnächten lärmend und tosend durch die Lüfte brauste, duckten die Menschen sich in Häusern, Höfen und Kammern ängstlich und furchtsam zusammen, in der Ungewissheit, was ihnen bevorstand. Oder was die Wilde Jagd noch mit ihnen vorhatte.

Um Odin und sein Jagdgefolge gütlich zu stimmen und zu besänftigen, brachte man Opfer dar und stellte Reste vom Weihnachtsessen und Weihnachtsgebäck unter den Obstbäumen bereit und vertraute auf den Schutz durch die Räucherungen.

Die Nacht gehört den Geistern

Der Glaube an Geister, nicht sichtbare Wesen, Hexen und Kobolde war im Volksglauben tief verhaftet. Vor allem vor der Nacht fürchteten sich die Menschen. Die Nacht gehörte den Unwesen, den Gespenstern, den Jenseitigen, die sich nicht sichtbar machten oder nicht sichtbar

werden konnten, der Zeit, nach deren Ende das Licht der Sonne durch ihre Strahlkraft allem Spuk ein Ende bereitete.
Unsere Vorfahren glaubten, dass in den Rauhnächten die Naturgesetze außer Kraft seien und die Tore zur Anderswelt sich immer wieder öffneten. Aus diesem Grund konnte man mit seinen Ahnen leichter in Kontakt treten, wodurch Orakel und Weissagungen begünstigt wurden. Allerdings musste man sich auch sehr vor den herumwandernden bösen Geistern in Acht nehmen – z. B. vor der Percht. Um diese zu besänftigen, stellte man in manchen Gebieten Milch und Brot vor die Tür. Vor allem um Silvester soll nach altem Volksglauben die Wilde Jagd stattfinden, in der Geister, Dämonen, wilde Tiere und andere Seelen über den Himmel toben und ihr Unwesen treiben. Deshalb sollte man in der Nacht nicht aus dem

INFO

PERCHTENLÄUFE

Den Sieg über die bösen Mächte demonstrierten die Perchtenläufe, bei denen durch Peitschenknallen, Böllerschießen und Glockenläuten viel Lärm gemacht wurde, um das Böse zu vertreiben, damit man nicht von Krankheit befallen oder gar dem Tod ausgeliefert wurde. Dieser Brauch wird auch heute noch vielerorts ernst genommen.

Haus gehen, schon gar nicht die Kinder hinauslassen und zum Schutz eine Kerze ins Fenster stellen. Im alpinen Raum schürten die tosenden Winterstürme die Angst vor den dunklen Wesen und verstärkten den Glauben an die Wilde Jagd.

Um sein Haus, seine Familie und seine Tiere zu schützen, räucherte das Familienoberhaupt Haus, Stall und Hof mit Kräutern und Weihrauch oder anderen Räuchermitteln aus. Abschließend wurde in allen Räumen, aber auch in den Ställen, Weihwasser vom letztjährigen Dreikönigstag ausgeteilt.

Die Wilde Jagd in unserer Zeit

Im sogenannten aufgeklärten 21. Jahrhundert glauben wir nicht mehr an die Wilde Jagd mit Wodan als Chef einer lärmenden und Krawall machenden Bande unbeherrschter oder adrenalindurchpulster Horden.

Doch wer hat noch nicht an unsichtbare Geister gedacht, wenn es im Himmel über uns donnert und blitzt und ein Höllenlärm jedes Gespräch erstickt? Wenn der Wind uns

die Mütze vom Kopf bläst, den Regenschirm zum Regenauffangbecken umkehrt, die zuckenden Blitze uns mehr erschrecken als das Flashlight jedes Selfie-Fotos? Kommt da nicht die Angst hoch, dass die Elemente es uns jetzt heimzahlen wollen, weil wir manchmal so in den Tag hineinleben – ohne uns zu vergegenwärtigen, dass es da noch etwas anderes gibt als unseren ganz persönlichen Alltag?
Es gibt noch immer sehr viele Menschen, die Angst vor einem Gewitter haben, die zusammenzucken, wenn der Donner übers Land rollt, denen das Blut aus dem Gesicht weicht, wenn knochenweiße Blitze die Nacht erhellen. Ob es vielleicht doch noch Geister und Wesen gibt, die für unsere menschlichen Augen zwar unsichtbar sind, aber uns ständig und aufmerksam umgeben? Ist ein Kurzschluss im Stromkreislauf wirklich nur eine technische Störung? Oder der Riss des Keilriemens im Auto nur ein Materialfehler? Was ist, wenn auf einmal das Smartphone flackert? Möglich, dass einem Kobold oder einem schlecht gelaunten Besucher aus der Anderswelt unser Gespräch oder eine Formulierung nicht passte und er deshalb böse reagierte ... Wenn wir im Leben alles ausschließen, können wir auch nicht mehr überrascht werden. Lassen wir uns also darauf ein!

Warum »rauh«?

Es gibt verschiedene Überlieferungen und Auslegungen, woher sich die Bezeichnung »rauch« oder »rauh«

Haarige Gestalten treiben ihr Unwesen ...

ableitet. Wahrscheinlich ist, dass es vom »Räuchern« herkam, da während der Rauhnächte Häuser, Höfe und Ställe ausgeräuchert wurden, um die bösen Geister und Dämonen davonzujagen und alle Übel des letzten Jahres zu beseitigen.
Einer anderen Auslegung nach kommt rauh von »haarig, wild«, weil die Dämonen, bekleidet mit dicken Fellen, ihr nächtliches Unwesen trieben. In der Oberpfalz wurden die Rauhnächte auch als Raubnächte bezeichnet.

Die heiligen Nächte

Die zwölf Nächte haben eine wichtige Bedeutung für das bevorstehende neue Jahr, sie gelten als Zaubernächte, mancherorts als heilige Nächte, als zukunftsweisend. Jede Rauhnacht steht für einen Monat des kommenden

Jahres, daher lässt sich mit ausgesuchten und überlieferten Orakeln in die Zukunft blicken. Was man beispielsweise in der letzten Rauhnacht (der Nacht vom 5. auf den 6. Januar) träumt, kann im Dezember des nächsten Jahres in Erfüllung gehen.
So kann man Wünsche und Hoffnungen vorwegnehmen und weit in die Zukunft hineinplanen, denn das normale Zeitmaß ist aufgehoben, Vergangenheit, Gegenwart und Zukunft sind eins.
Wer in einer dieser Nächte keine Antwort auf seine Fragen, Hoffnungen oder Bitten erhält, kann guten Glaubens auf die nächsten Rauhnächte hoffen, in denen sich die Zukunftsmächte vielleicht geneigter zeigen. Es ist eine Zeit der Rückbesinnung, eine Zeit der Ruhe und des Nachdenkens und Verinnerlichens. Es sind die heiligen Nächte, die geheimnisvollste Zeit des Jahres, wenngleich in diesen Zaubernächten die Momente »aufgehoben«, nicht existent sind.

Wenn die Sonne stillsteht ...

Nach altem Volksglauben ruht die Sonne in den Zwölften, steht still an jedem Tag, bewegt sich nicht von der Stelle. Die Zeit ist aufgehoben, eingefroren. Vergangenes entsteht auf die Zukunft hin, die Zukunft zieht Vergangenes auf sich.
Den Menschen ist bewusst, dass sie in dieser seltsamen, unheimlichen und gefährlichen Zeit nichts gestalten oder bewirken können. Keine Tätigkeit ist gesegnet,

kein Handwerk wird gelingen, keine Fahrt darf unternommen werden.
Werkzeuge und Materialien verweigern ihren Dienst , keine Arbeit ist von Glück gesegnet. Auch die Feldarbeit muss ruhen. Selbst Odins Name darf nicht erwähnt werden, und lautes Sprechen ist untersagt.
Das Haus soll aufgeräumt sein, es darf keine Wäsche gewaschen oder aufgehängt werden, damit die wilden Reiter sie nicht stehlen können. Wahrscheinlich stammt daher der Brauch, zwischen Weihnachten und Neujahr keine weiße Wäsche zu waschen.

… und die Tiere sprechen

Wer in dieser Zeit ganz besonders den Atem und das Wirken und Walten der Götter spürt, das sind die Tiere, denen jetzt die besondere Aufmerksamkeit und Fürsorge der Bauern und Landsleute gilt. Während der Rauhnächte ist Pferden, Kühen, Ochsen und Eseln die besondere Gabe der Sprache geschenkt, um sich über die Menschen und die Zukunft des Hauses, zu dem sie gehören, zu unterhalten und auch die Zukunft der darin wohnenden Menschen zu erkennen.
Sie »wissen« auf unerklärliche Weise um die Sorgen und Kümmernisse, Leiden und Gebrechen der sie Betreuenden und haben auch so manchen Ratschlag und Fingerzeig für sie bereit. Den Tieren kann man vertrauen, sie kennen kein Falsch oder Richtig, sie geben nur das wieder, was ihnen ihre Natur befiehlt.

Träume in den Rauhnächten

Während dieser von zahlreichen Geheimnissen umwisperten heiligen Nächte, in denen die Zeit stillzustehen scheint, wurde neben viel geliebten Orakeln, Frage- und Schicksalsspielen großer Wert auf Träume und Traumerlebnisse gelegt. Sie waren kostenlos und bedurften keinerlei Gerätschaften oder großer Vorbereitungen. Und konnten von jedem ausgeführt werden. Da in diesen Nächten das über das normale Jahr verborgene und verschlossene Tor zur Anderswelt weit offen stand, waren die Kontakte und Berührungen in diese Welt jenseits unserer normalen Wirklichkeit sehr intensiv und bedeutungsvoll. Was sich auch auf die Träume auswirkte, die viele Male Ausblicke in zukünftige Geschehen gestatteten.
Still waren die Menschen in den zwölf Schicksalstagen. Alle häuslichen und landwirtschaftlichen Arbeiten, die nicht unbedingt notwendig waren, ruhten.
In diesen dunklen Winter- und Frostnächten ging man früh schlafen, um der beißenden Kälte zu entgehen sowie auch der allnächtlich mit tollem Lärm und Getöse durch die Lüfte tobenden, von Odin, dem Wilden Jäger, und Frau Holle angeführten Wilden Jagd.
Nachdem Tür und Tor verriegelt waren, zog man sich gern in die Schlafkammern zurück, wohl auch in der Hoffnung, im nächtlichen Träumen dem zukünftigen Geliebten oder Ehemann zu begegnen oder eine Botschaft von ihm zu erhalten.

INFO

TAGE ZUR TRAUMDEUTUNG

Sehr beliebt zur Traumdeutung und für die Zukunftsbefragung waren der Thomastag (siehe Seite 49 ff.), der Heilige Abend, Silvester und Neujahr sowie die Nacht vom 5. Januar auf den Dreikönigstag. Gerade diese Nächte waren zur Zukunftsschau besonders geeignet, da die Energie der Zwölften sehr stark zu spüren war.
Oder war es die Symbolkraft der Heiligen, der tiefe Glauben und die feste Zuversicht der Menschen, dass ihnen der himmlische Beistand gewiss sein wird? Jedenfalls waren an diesen Rauhnächten und Lostagen die Träume besonders intensiv und aufschlussreich.

Nach den althergebrachten und viel bewährten Traditionen stand jeder Traum für ein besonderes Ereignis im neuen Jahr, in den kommenden Monaten. Danach galten Träume vor Mitternacht der ersten Monatshälfte: also im Januar bis zum 15. Januar. Träume nach Mitternacht wurden für die zweite Monatshälfte bestimmt.
Das waren allgemeine Regeln. Jeder Mensch musste für sich herausfinden, welche Zeit für ihn die richtige war. So gab es Menschen, die träumten am Thomastag oder in der Silvesternacht überhaupt nicht oder konnten sich nicht an das Nachtgeschehen erinnern; andere wiederum erlebten ganze Episoden und aufschlussreiche Szenen.

Da man in der damaligen Zeit keine technisch hergestellten Filme kannte, nahmen die Träumer die gesehenen Erlebnisse und Bilder als für sie bestimmte Weisungen und Botschaften der ihnen wohlgeneigten Götter auf. Die besonderen feinstofflichen Schwingungen dieser geheimnisvollen Nächte des Rauhwinters förderten das Traumerleben und erleichterten das Deuten von Ereignissen und erfahrenen Erlebnissen.
Denn im Schlaf ist die Seele frei von der Behinderung des Körpers und seinen Begrenzungen. Die unsterbliche Seele weiß, was ihr im vergangenen Leben geschah, sie kann unbewusst Verbindung zu anderen Seelen aufnehmen, um einige Ideen ihrer eigenen Zukunft aufzuspüren. Sie weiß, was geschehen ist und – was noch geschehen wird.

Zukünftigem begegnen

Das Träumen in den Rauhnächten kann Raum und Zeit überwinden und zukünftiges Geschehen offenbaren. Viele Träumer haben erstaunt festgestellt, dass sie in manchen ihrer Träume Personen und Ereignisse erblickten, die ihnen in den nächsten Monaten des neuen Jahres tatsächlich begegneten. Sie haben erlebt, wie sehr sich ihre Gedanken, Gefühle und Wahrnehmungen im neuen Jahr bewahrheiteten, wie sich ihnen neue Dimensionen öffneten und sie in der Lage waren, bisher Verborgenes zu erkennen. Es gibt auch mündliche Berichte, die besagen, wie verschwundene Dinge auf einmal wieder

auftauchten und viele bislang unterdrückte Wahrheiten ans Licht kamen. Natürlich wurde auch zu anderen Zeiten geträumt, allerdings haben die Träume und nächtlichen Reflexionen der heiligen Nächte – allen Erfahrungen nach – eine ganz andere Qualität und Intensität.
Träume sind Botschaften. Mal kommen sie aus der Vergangenheit, dann wieder aus der Zukunft. Oder sie spiegeln wider, was uns insgeheim bewegt.
In den Rauhnächten achtete man besonders auf die Träume, Symbole und Personen, die man durch das besonders nachhaltige Traum(er)leben erfuhr.
Das Hauptaugenmerk richtete sich dabei auf die Erforschung des zukünftigen Ehegatten und Geliebten, aber auch auf den Beruf, auf das Leben und Sterben, das Bleiben oder Weiterziehen. Denn Träume sind die ehrlichsten und aufrichtigsten seelischen Äußerungen des Menschen. Sie begleiten uns von der Geburt bis zum Tode – sie sind eine Wirklichkeit aus einer anderen Welt, aus der Anderswelt.

Anlegen eines Traumtagebuches

Für die Menschen und Träumenden unserer Tage empfiehlt sich das Anlegen eines Traumtagebuches. Erstens vergisst man nicht, was man träumte, zweitens kann man immer wieder nachschlagen, wenn ein gleicher oder ähnlicher Traum auftaucht, man kann nachlesen, in welcher Zeit das Traumgeschehen erlebt

und erfahren wurde, und welche äußeren Umstände zu dieser oder jener Erfahrung geführt hatten.
»Träume sind verschlüsselte Botschaften aus dem Unterbewusstsein«, sagte Sigmund Freud. Die inneren Bilder, die in unseren Träumen auftauchen, sind das archetypische, über Jahrtausende im Menschen gewachsene Wissen. Darum lohnt es sich auf jeden Fall, ein Traumtagebuch anzulegen und über die eigenen Träume genau Buch zu führen.
Am besten geht man so vor: Legen Sie Notizbuch und Bleistift neben das Bett, um den Traum gleich nach dem Aufwachen so exakt wie möglich zu notieren und später vielleicht Einzelheiten und Interpretationen hinzuzufügen. Wichtig sind Symbole, die in unseren Träumen erscheinen, um eine konkrete Situation näher zu beleuchten. Um uns zu ermahnen oder anzuregen, um uns etwas zu vermitteln oder um uns aufmerksam zu machen. Traumsymbole bedeuten jedoch nicht für jeden Menschen dasselbe, darum muss man sich an sie herantasten und sich fragen: Welche Gefühle hatte ich in meinem Traum? Mit welcher Situation oder Gestalt kann ich mich identifizieren?

Wie man Träume bewusst steuern kann

Träume sind der Spiegel unserer Seele und ein wichtiger Wegweiser bei Entscheidungen. Deshalb sollten wir unseren Träumen viel Aufmerksamkeit und Beachtung schenken. Es gibt eine besondere Technik, die man erlernen kann, um seine Träume zu »steuern« und darin Regie zu führen. Es ist das »luzide« Träumen. Es bedarf allerdings einiger Übung und viel Geduld für das »luzide« Träumen, den Umgang mit dem »Klar- und Wachtraum«. Wer das beherrscht, kann bald völlige Kontrolle über das Traumgeschehen ausüben, kann Regie in seinen eigenen Träumen führen.

Tagtraumtraining

Suchen Sie einen leicht abgedunkelten Raum auf, in dem Sie sich wohlfühlen. Sie sollten das Traumtraining nur dann durchführen, wenn Sie innerlich nicht gestresst, abgespannt oder erregt sind. Setzen Sie sich in einen hochlehnigen Sessel, legen Sie sich auf eine Couch oder in Ihr Bett. Lockern Sie unbedingt enge Hosengürtel und Krawattenknoten, eben alles, was ein- oder beengt. Wenn Sie liegen, nehmen Sie die Rückenlage ein, schließen Sie die Augen, und atmen Sie fünf Minuten, am besten in gleichbleibendem Rhythmus, ein und aus. Das hilft, die Nerven und den Organismus zu »neutralisieren« und eine allgemeine Ruhetönung zu erreichen. Kein Gedanke wird mehr zugelassen. Sollten neue Gedanken während der Ruhephase auftauchen, beachten Sie sie nicht. Dadurch lösen sie sich von selbst auf, und Sie können sich immer tiefer fallen lassen.

Ist die luzide Phase eingetreten (das bemerken Sie, wenn Sie keinerlei Umweltgeräusche mehr wahrnehmen), lassen Sie die Traumbilder vor Ihrem inneren Auge Revue passieren.

Deutung einiger häufiger Traumbilder

Für die Deutung von Traumbildern, Traumsymbolen oder Bilderfahrungen gibt es kein Patentrezept. Jeder Traum ist anders, jedem Traum liegt ein anderes Erfahrungsleben zugrunde, jede Seele hat ihre eigenen Bilder, Farben und Empfindungen. Die wichtigsten Traumsymbole, die in den Träumen eines jeden Menschen einmal vorkommen oder schon geträumt wurden, sind folgende:

Wald

Ein geheimnisvoller Ort, in dem viele harmlose und gefährliche Wesen leben. Wer sich im Wald verirrt, sucht auch im Leben seinen Weg. Wer seinen Weg ohne Weiteres findet, kommt auch im Leben voran. In Träumen warnt der Wald vor Gefahren, vor familiären oder persönlichen Problemen, vor falschen Freunden. Ein vom Sonnenlicht durchfluteter Wald verheißt neue Kräfte, Segen und Erfolg.

Baum

Der Baum gilt in allen Kulturen als ein Symbol des Lebens. Der Traum vom Baum ist eine der beglückendsten und schönsten Erfahrungen. Bäume stehen für kraftvolles Leben, für Fruchtbarkeit, für alles, was wächst. Viele Legenden, Geschichten und Mythen ranken sich um die Bäume. Liebenden verheißt dieses Traumbild eine positive Begegnung mit der geliebten Person. Ein alter dürrer Baum zeigt an, dass man ein hohes Alter in Gesundheit und Zufriedenheit erreichen wird. Wird im Traum ein Baum gefällt, muss sich der Träumende auf eine entbehrungsreiche Zeit gefasst machen. Bäume zu pflanzen, ist ein gutes Zeichen, es symbolisiert die Verbundenheit mit der Natur, mit der sich immer erneuernden, unerschöpflichen Kraft des Lebens.

Haus

Das Haus im Traum ist der menschliche Körper, ist der Träumende selbst. Das Dach oder der Speicher stellen Bereiche dar, worin alte Erinnerungen verborgen sind, oder Dinge, die man gern verborgen halten möchte. Der Arbeitsraum ist analog dem Arbeitsleben des Menschen zu sehen, wo er seiner Tätigkeit nachgeht, um (über) leben zu können. Das Wohnzimmer ist der Ort der Ruhe und der Besinnung, aber auch der gastlichen Geselligkeit, wo alle schönen Erinnerungen und freudige Ereignisse ihren Niederschlag finden und fanden. Das Schlafzimmer ist der Bereich der Sexualität, der intimen Zweisamkeit. In der Küche wird der Mensch gestärkt, hier bekommt er die Energie, um sein Leben zu meistern. Der Keller ist der dunkle, geheimnisvolle Bereich des Unterbewussten.

Wasser/Wasserfall

Wasser ist fast immer ein Symbol der Geburt. Es deutet auf Erfolge, auf Gewinne und sprudelnde Ideen hin. Im Traum stellt es die psychische Energie dar, welche den Träumer beseelt und der er auf Schritt und Tritt auf seiner Wanderung durchs Leben begegnen kann. Jedes Gewässer ist ein geheimes Reservoir, angefüllt mit Energie und Stärke, dessen sich der Träumer nur bedienen muss. Die Stärke und Intensität der Energie ist wie der Zustand des Wassers: Erscheint es trübe, ist die Kraft gering. Ist es schwarz, gibt es unklare Verhältnisse, undurchsichtige Beziehungen oder Geschäfte. Jetzt muss der Träumende langsamer treten, um die verloren gegangenen Potenziale wieder erneuern zu können.

Schnee

Wo es Schnee gibt, ist es kalt. Eine logische Folgerung. So ist es aber auch im Traumgeschehen. Es ist kalt, wo sich das weiße Tuch ausbreitet, also kalt in der Seele. Es fehlt die Wärme, die das Leben zwischen Menschen so erträglich macht. Das sollte den Träumenden zum Nachdenken anregen. Wahrscheinlich weiß er auch, woran es mangelt. Aber eine falsche Scham hält ihn zurück. Dabei kann er nur gewinnen, wenn es ihm gelingt, sich anderen Menschen gegenüber mehr zu öffnen und ihnen entgegen zu kommen. Mit ein wenig Mühe wird sich die Erstarrung lösen und die Wärme wird den ihr gebührenden Platz einnehmen.

Eis

Eis im Traum, eine Eisfläche oder ein vereister See stellt eine Warnung dar, persönliche Beziehungen zu Menschen nicht »einfrieren« und zu Eis erstarren zu lassen. Manchmal ist es aber auch schon fast zu spät, wenn sich dieses Traumbild in Erinnerung bringt. Deshalb muss der Träumer auf seine individuelle Weise erspüren, wie er diesen Zustand bei seinen Mitmenschen verhindert und gar nicht erst auftauchen lässt. Denn das Symbol Eis wird vom Unterbewusstsein manchmal lange vorher »gesendet«, bevor eine Beziehung zu erstarren beginnt.

Tod

Träumt man vom Tod, ist das nicht das Lebensende. Es ist ein Wandlungssymbol, denn es wird etwas Neues kommen, für das etwas stirbt. Es ist ein starkes Symbol, das einen ganz neuen positiven Lebensweg aufzeigt. Oder auf das Ende einer Beziehung hinweist.

Das sind nur einige Symbole, die als Beispiel dienen sollen. Die Signale aus dem Unterbewusstsein, dem Reich der Träume und dem Tor zu unserer Seele, sind nicht für jeden Menschen gleich. Es gibt Unterschiede in der Wahrnehmung. Die meisten Träume sind individuell. Bestimmte Motive wiederholen sich zwar, aber jeder muss seine »nächtlichen Traumfilme« letztendlich zu deuten lernen. Wichtig zu wissen, ist, dass Träume vorbereiten, warnen oder den Weg weisen können.

Räuchern in den Rauhnächten

Räuchern ist eine sehr alte Kunst und war und ist noch immer ein fester Bestandteil im Leben und in den Ritualen der Menschen. Räucherung kann eine innere Klärung und Läuterung bewirken, kann den Horizont öffnen oder zu neuen Pfaden führen, vielleicht eine ganz neue Welt erschließen.

Mit dem richtigen Räucherwerk lassen sich nicht nur böse Geister und übel wollende Dämonen vertreiben, es dient auch der Gesundheit, der Entspannung und der Lebensfreude. Man räuchert, um schlechte, schädliche Energien zu vertreiben, das Wohlbefinden zu verbessern, um Keime zu töten.

»Der Geruchssinn ist einer der lebendigsten und geistigsten aller Sinne, er öffnet den Zugang zu anderen Welten und verhilft zu einem höheren Bewusstsein.« Das schrieb schon der deutsche Arzt und Philosoph Heinrich Cornelius Agrippa von Nettesheim im 16. Jahrhundert.

Weihrauch ist in katholischen Kirchen steter Begleiter.

Räuchern ist eine wunderbare Aktivität, um Ruhe zu finden, sich in eine andere Stimmung zu bringen, Träume und Visionen zu verstärken oder viel genutzte Räume von Altlasten zu befreien und zu reinigen. Denn selbst die einfachsten Ereignisse und Begebenheiten können die Atmosphäre eines Raumes noch über Jahre hinweg beeinflussen. Zum Räuchern verwendeten unsere Ahnen Kräuter, Hölzer, Wurzeln, Rinde, Zweige, Blätter und Harze aus ihrer heimatlichen Umgebung, wobei ihnen der große Erfahrungsschatz und das uralte Wissen vieler Generationen vor ihnen zugute kam.

Unterstützende Worte

Bei den Räucherumgängen sprach man Gebete, von den Vorfahren überlieferte Worte oder eigene Bitten, um die bösen Geister und Hexen abzuwehren und zu vertreiben. Dieses Ritual lässt sich heute ebenso ausführen wie zur damaligen Zeit. Denn oft schwirren böse Geister um uns herum oder negative Gedanken eines Menschen, der es nicht gut mit uns meint. Warum also nicht räuchern und dabei ein kleines Gebet oder einige aufbauende Worte sprechen?

Die Kraft der Pflanzen

Seit alters her ist bekannt, dass in vielen Pflanzen geheimnisvolle Heilkräfte wirken, die Krankheiten heilen, Beschwerden lindern und Kraft und Seelenfrieden spenden können. Zu einer bestimmten Zeit gepflückt oder

geerntet, entfalten die Pflanzen ihre besondere Heilwirkung. Dabei kommt dem Wochentag und den Mondphasen besondere Bedeutung zu, denn je nach dem Tag, der eine Pflanze regiert, behält die Pflanze ihre Zauberkraft und Heilwirkung – oder verliert sie. Von ausschlaggebender Bedeutung war für unsere Vorfahren, wann und wie man sammelte.
Die beste Sammelzeit für Kräuter war die Zeit kurz vor Sonnenuntergang. Wurzeln wurden nachts geerntet, da sie vor Sonnenlicht geschützt werden mussten.
Früchte, Blätter und Blüten erntete man bei zunehmendem Mond oder Vollmond. Wurzeln und Holz wurden bei abnehmendem Mond oder Neumond gesammelt. Bei Vollmond wohnen allen Kräutern und Pflanzen besondere Kräfte inne. Zum Ernten benutzte man – wenn überhaupt – geweihte Sicheln, auf keinen Fall jedoch andere Geräte aus Eisen. Meistens aber rupfte man Blüten und Blätter einfach ab.
Diese Bräuche sind in uralten Überlieferungen festgehalten, von Generation zu Generation weitergegeben worden und haben sich bis in unsere Tage hinein bewährt.

Aufbewahrung und Bearbeitung

Die Blätter, Blüten und Früchte der Kräuter und Pflanzen wurden nur gepflückt, nicht geschnitten. Getrocknet wurden sie auf einer trockenen, nicht zu kalten Unterlage (Holz oder Papier) oder in einem abgedunkelten, gut gelüfteten Raum, aufgehängt in Sträußen oder Bündeln.

INFO

RÄUCHERTECHNIKEN HEUTE

Getrocknete Kräuter werden zerrieben und angezündet (siehe auch Seite 105 f.). Es bieten sich zudem Räucherstäbchen und Räucherkerzen an. Räucherpulver wird auf die Räucherkohle, in einen Kamin oder ins Herdfeuer gestreut. Räucherkegel werden auf eine feuerfeste Platte gestellt und angezündet. Das Räucherbündel zündet man an der Spitze an – brennt es, bläst man es rasch wieder aus. Am praktischsten sind feuerfeste Räucherschalen, mit Sand gefüllt, die man auch umhertragen oder abstellen kann.

Auch für unsere Zeit gilt: Getrocknete Kräuter und Pflanzen bewahrt man am besten in gut verschließbaren, lichtundurchlässigen Gefäßen – z. B. in braunen Apothekerflaschen – auf. Wichtig ist, dass die Pflanzen vor Feuchtigkeit, Wärme und Sonnenlicht geschützt sind.

Werkzeuge und Geräte

Viele Bauern und Landbewohner hatten oft nicht die Mittel, sich die Räuchergeräte zu kaufen, und behalfen sich deshalb mit kleinen Schaufeln oder Blechen, die entsprechend geformt wurden, um das Kräutergut richtig einsetzen zu können.

Wer es sich leisten konnte, legte sich nachstehende Geräte und Werkzeuge zu: einen robusten Mörser mit

Stößel, saubere Erde oder feinen Sand, Räucherkohle, eine feuerfeste Räucherschale, ein Räuchersieb, eine Räucherpfanne, kleine Zangen oder Schaufeln, einen kleinen Blasebalg und Streichhölzer.

Die Wirkungen der Räucherkräuter

Nachstehend werden einige der beliebtesten Räucherkräuter vorgestellt. Räucherwerk kann man entweder selbst sammeln und mischen, sich in einschlägigen Läden besorgen oder im Internet bestellen – und auch individuell zusammenstellen lassen:

Beifuß

In alten Kräuterbüchern heißt es: »Beifuß hat Macht gegen Gift und Ansteckung, Macht gegen das Übel. Am Hausfirst befestigt, wird kein Blitzstrahl ins Haus einschlagen. Wer Beifuß im Haus hat, dem kann der Teufel nichts anhaben.« Beifuß gibt Energie und Lebenskraft, reinigt und öffnet die Seele für feinstoffliche Schwingungen.

Johanniskraut

Im Mittelalter war es ein Mittel gegen Dämonen und wirkte für und gegen die Liebe, je nach Wunsch. Zum Schutz vor Unwettern und Blitzen wurde es kreuzweise an die Fenster gesteckt oder am Dachfirst angebracht und schützte so das Haus. Es hilft bei Depressionen, fördert den Geist und aktiviert die Lebensfreude.

Salbei soll gegen böse Geister wirken.

Rosmarin

Er hilft bei Depressionen, vitalisiert und fördert die Liebesfähigkeit. Es ist ein Zauberkraut, das zur Abwehr von üblen Einflüssen eingesetzt werden sollte. Zankten sich zwei Liebesleute, musste das Schlafzimmer oder die Wohnstube geräuchert werden, das vertrieb die bösen Gedanken und stellte den Frieden wieder her.

Salbei

Er neutralisiert Gerüche, hilft, sich zu konzentrieren und lässt klarer denken, schützt vor Krankheiten, desinfiziert rasch und gründlich. Es ist ein besonders starkes Bannmittel gegen Dämonen und böse Geister. Man pflanzt ihn gern am Haus, in der Tür und bei Eingängen – und verwendete ihn auch für Liebeszauber.

Schafgarbe

Sie ist ein beliebtes Orakelkraut, vertreibt die bösen Geister, verleiht die Gabe, sich selbst richtig anzunehmen, Kraft aus dem Alltag zu schöpfen und die richtigen Entscheidungen zu treffen. Schafgarbenbüschel wurden mit anderen Kräutern für Liebesorakel herangezogen.

Thymian

Gehört zu den Frauenkräutern, er stärkt Mut und Willenskraft, regt die Lebensgeister an, hilft bei der Bewältigung von Konflikten und Schwierigkeiten, befreit die Atemwege und motiviert zu Leistung.

Wacholder

Der Wacholder gilt seit Jahrhunderten als einer der »zauberischsten« und wirkmächtigsten Bäume – er vertreibt alles Böse. Seine Beeren und Nadeln wurden schon im Altertum als Räucherkraut angewendet. In alten Zeiten zogen die Bauern den Hut vor ihm oder beugten das Knie. Wacholder schützte Menschen, Tiere und Häuser vor Bann und Hexen. Wacholderrauch diente zum Reinigen von Haus und Hof und von einzelnen Kammern, gerade nach einer Krankheit oder einem Todesfall.

Räuchern mit Harzen

Das Räuchern mit Harzen ist ebenso leicht zu handhaben wie der Umgang mit den Räucherpflanzen. Man legt das ausgewählte Harz auf glühende Räucherkohle (in der Schale oder im Sieb), lässt es dort so lange, bis es schmilzt, stellt das Räuchergefäß aber in einiger Entfernung auf, um nicht zu viel von den Dämpfen einzuatmen.

Der Umgang mit Räucherharz

In eine feuerfeste Schale gibt man Kohlen von einem Feuer hinein oder verwendet Räucherkohletabletten. Das getrocknete Harz (Weihrauch, Mastix, Sandarak, Fichtenharz, Bernstein, Myrrhe) wird auf die glühende Kohle gegeben und immer wieder gewendet, bis es verbrannt bzw. geschmolzen ist. Dann legt man neues Harz auf und räuchert weiter.
Nach dem Räuchern sollte man sämtliche Fenster und Türen öffnen und gründlich lüften, damit die Sinne wieder klar werden, falls sich belastende Gedankenmuster gebildet haben.

Weihrauch kann in verschiedenen Formen zum Räuchern verwendet werden.

Beliebte Harze

Räuchern kann man auch für das eigene Wohlbefinden, für eine erhöhte Konzentration, für einen erholsameren Schlaf oder einfach für ein besseres Raumklima. Am beliebtesten in unseren Tagen ist Weihrauch, der aber nicht jedem bekommt.

Hier eine kleine Auswahl von Räucherharzen – noch viele weitere Harze gibt es im Fachhandel:

- Bernstein reinigt, klärt auf und beruhigt.
- Fichtenharz stärkt, lässt Dinge klarer sehen.
- Kampfer ist heilsam für die Atemwege, entgiftet, reinigt und neutralisiert negative Schwingungen.
- Kiefernharz klärt, beruhigt, sensibilisiert und gleicht aus, hellt die Stimmung auf.
- Mastix belebt, fördert Energie und stärkt das Wohlbefinden.
- Sandarak verhilft zu innerer Balance, baut auf.
- Styrax löst emotionale und geistige Blockaden, stärkt das Selbstvertrauen, schenkt Harmonie.
- Weihrauch öffnet die Bewusstseinsebenen, reinigt, schützt und aktiviert die Sinne.

Am besten ist es, man lässt sich in einem Fachgeschäft beraten, probiert es selbst aus oder berät sich mit Gleichgesinnten.

Die geheimnisvolle Zahl 12

Es sind zwölf Rauhnächte, zwölf Zaubernächte, zwölf von geheimnisvollen Mysterien begleitete Nächte. Sie sind eine Folge des Mondkalenders, der mit dem Sonnenkalender nicht übereinstimmt. Da beide Kalender nicht miteinander korrespondieren, fügte man die zwölf »Untage« hinzu: sechs für das alte Jahr und sechs Tage für das neue Jahr.

Die Zwölfnächte, auch Dreizehnnächte, werden die Rauhnächte nach dem Eintritt der Sonne in das Tierkreiszeichen Steinbock genannt. Die Erlebnisse an diesen zwölf Tagen und Nächten nach der Wintersonnenwende sah man als Vorreiter größerer Schicksale im entsprechenden Monat des kommenden Jahres an. Die Zwölf ist eine kosmische, eine magische Zahl, eine der geheimnisvollsten Zahlen im Zahlenreigen und Menschenleben.

- 24 Stunden hat der Tag: Zwölf Stunden ist es hell.
- Zwölf Stunden lang herrscht die Nacht.
- Zwölf Häuser hat der Zodiak, der astrologische Tierkreis.
- Zwölf Heldenarbeiten musste Herkules verrichten.
- Die Erde umkreist die Sonne in zwölf Monaten.
- Zwölf Menschen betraten bisher den Mond.
- In zwölf Stationen haben die Ägypter den Sonnenweg geteilt.
- Jesus war zwölf Jahre alt, als er im Tempel lehrte.
- Er berief zwölf Jünger zu Aposteln, weil aber nur elf treu blieben, wurde der Jünger Matthias zum Apostel

bestimmt, damit war die heilige Zahl erfüllt, der Kreis wieder geschlossen.

- Zwölf Stämme gab es in Israel.
- Das himmlische Jerusalem besaß zwölf Tore, mit insgesamt zwölf Engeln.
- Im Brustschild der hohen Priester gab es zwölf Edelsteine: Rubin, Türkis, Topas, Diamant, Achat, Beryll, Smaragd, Jaspis, Amethyst, Saphir, Sardis, Onyx.
- Einst war das Dutzend, die Zwölf, eine gebräuchliche Maßeinheit. Fünf Dutzend waren ein Schock, zwölf Dutzend ein Gros und zwölf Gros ein Maß.
- Zwölf Ritter vereinte König Artus an seiner Tafelrunde um den »Runden Tisch«, der nach Aussage des Magiers Merlin die Welt abbildete.
- In grauer Vorzeit glaubte man, dass die Menschen über zwölf Finger und Zehen verfügten.
- In unserer modernen Zeit werden die Dezimalzahlen eins bis zwölf in Wörtern geschrieben, ab der Zahl 13 in Ziffern.

INFO

KURZ VOR KNAPP

Träumt oder erzählt man, es sei »fünf vor zwölf«, dann ist es höchste Zeit, eine Angelegenheit zu Ende zu bringen, etwas anzugehen oder sich mit einem Gegner oder Feind zu versöhnen.

Besonderheiten der sieben Wochentage

Im Volksmund kennt man die Zwölf auch unter Zwölfnächte, Zwölfte, Unternächte, Zwischennächte, Rauhnächte, Rauchnächte, Wolfsnächte, Innernächte, Glöckelnächte oder Reif- und Frostnächte. Die siebentägige Woche, die sich nicht mehr am Mondlauf orientierte, ist ursprünglich eine römische Erfindung. Als 46 v. Chr. Julius Cäsars Kalenderreform in Kraft trat, übernahmen unsere germanischen Vorfahren die römische Wocheneinteilung.

Jedem Wochentag kam einst eine bestimmte Bedeutung zu, die bis in unsere Zeit noch verankert ist. Wenn sich schon in unserem Alltagsleben die Kraft und Magie der Wochentage auswirken, verstärken sich diese Energien in den Rauhnächten, den Zwölften, der »Nichtzeit«, um ein Vielfaches mehr.

Die Wochentage waren in der Zeit der Zwischennächte gespenstisch und schicksalhaft, wenngleich nicht so gefürchtet wie die Rauhnächte. Um sich auch tagsüber vor Unheil bringenden Einflüssen oder bösen Kräften zu schützen, folgte man bestimmten überlieferten Ritualen, die einzeln ausgeführt wurden – oder in der Gemeinschaft. Man stellte kleine Lichter an die Fenster, die auch in der Nacht brannten. Wer unterwegs war oder auf dem Anwesen nach dem Rechten sehen musste, steckte sich einige Blätter Beifuß in die Tasche oder heftete sich einen Johanniskrautzweig an die Kleidung. Wer Zeit erübrigen konnte und über ausreichendes Räucherwerk verfügte, ging mit der Räucherschale rechtsläufig einmal um das Anwesen herum und schwenkte sie nach allen vier Himmelsrichtungen, wobei die Worte gesprochen wurden:

Dieses Haus
sei gesegnet und geschützt!
Von Osten bis Westen,
von Norden bis Süden.

Dann wurde der Hof ausgehend von den Ecken im Sinne der Himmelsrichtungen geräuchert. Geräuchert wurden auch die Stallgebäude, Nebengebäude und Geräteschuppen. Dieses Ritual führte man am 25. und 26. Dezember durch. Stuben, Kammern, Wohnungen räucherte man am Abend, kurz bevor es dunkel wurde.
Die Familie half, das Räucherwerk für die nächsten Tage vorzubereiten und die Räuchergeräte zu reinigen und zu überprüfen. Die Kinder waren eifrig dabei, Beifußkränze oder gebündelte Tannenzweige vor Türen, Pforten und auf Fensterbänke zu legen.

Die mystische Bedeutung

Jedem Wochentag wurde eine ganz eigene Macht zugesprochen, jeder hatte eine besondere Wirkung auf Mensch, Tier und Umwelt.

Sonntag – Sunna

Sonntagskinder gelten an vielen Orten der Welt als Glückskinder, sie sind mit besonderen und wertvollen Gaben versehen, sollen am Sonntag aber nicht gebadet werden. »Sonnenlehen« nennen die Bauern in früheren Zeiten ihren Besitz. Was man in der Nacht auf den Montag, also in der Sonntagnacht träumt, wird fast immer in Erfüllung gehen.

Der Sonntag ist der Sonnen-Tag, eine hervorragende Zeit, um kreativ zu werden. Der Sonntag ist weise eingerichtet, um Kräfte zu tanken für die Belastungen und Anforderungen der kommenden Woche. Die innere Ruhe, die man an diesem gesegneten und besonderen Tag empfängt, wirkt sich nachhaltig und positiv auf Entscheidungen aus, die man im Laufe der Woche fällen muss, ganz gleich, ob der gewählte Tag dafür günstig oder ungünstig ist. Sonntags darf man sich nicht die Nägel schneiden. Bäume, die man an diesem Tag beschneidet, werden eingehen. Allgemein ist der Sonntag ein Glückstag.

Wetterorakel

Scheint am Sonntag die Sonne,
ist es die ganze Woche schön.

Räuchermittel

verschiedene Harze, Limone, Lorbeer, Myrrhe, Safran, Weihrauch

Montag – Mona

Die Germanen nannten unseren Erdtrabanten »Herr Mond«; an diesem Tag wurde die Saat ausgetragen. Der »Mondtag« ist der Tag der Hexen, Diebe und Gauner. Man soll an diesem Tag nichts in Angriff nehmen, was auf Dauer angelegt ist, etwa Geld verleihen oder einem anderen Geld anvertrauen, sonst wird man die ganze Woche Geld ausgeben. Geld, das man am Montag gewinnt oder vererbt bekommt, behält man nicht lange. Der Montag ist kein guter Hochzeitstag, er ist ein Unglückstag: »Montag hat Unbestand«. Wie der Montag begonnen wird, glücklich oder unglücklich, so werden alle Tage dieser Woche sein. Wer allerdings am Montag heftig niesen kann, dem ist das Glück die ganze Woche wohlgesonnen.

Wetterorakel

- Montagswetter wird nicht Wochen alt.
- Dunkler Montag, helle Woche.
- Montag ist Unbestand.

Räuchermittel

Bohnen, Eisenkraut, Kresse, Kümmel, weißer Mohn

Die Innenschau

Wie kaum eine Zeit im Jahr sind die Rauhnächte geeignet, sich einmal nur um sich selbst zu kümmern. Nachzudenken, was bis zum heutigen Tag alles geschehen ist, wen man aus den Augen verloren und nicht mehr beachtet hat, wer einem am Herzen liegt. Wem man wieder einmal mit Rat und Tat zur Seite stehen sollte. Während diese Fragen auftauchten, sollten wir unsere Gedanken beobachten. Denn Gedanken sind Wesen, geistige Macht, Kräfte, die zur Verwirklichung drängen. Allerdings hat ein Gedanke nur so viel Wirkungskraft, wie man in ihn hineinlegt. Gedanken können wunderbare Mächte des Positiven und Guten entfalten, aber auch schreckliche Mächte des Negativen, des Bösen sein. Das kann einem besonders in den Rauhnächten bewusst werden.

Wer Veränderungen in seinem Leben erreichen will, muss bei seinen Gedanken beginnen. Es ist also keinesfalls belanglos, ob wir bösen, ängstlichen oder negativen Gedanken nachhängen oder guten und tatenfrohen. Borgen Sie sich keine Sorgen aus der Zukunft, entnehmen Sie positive Kräfte aus Ihrer erlebten Vergangenheit, und richten Sie Ihre Gedanken und Wünsche in die Zukunft. Nutzen Sie die Chancen, die Ihnen die Rauhnächte bieten. Freuen Sie sich auf das Lichtvolle, das Ihnen in Zukunft entgegenkommt.

Dienstag – Tiustag

Es war der Tag des Ziu, der mit seinem Bogen einen Sonnenstrahl abschoss, um die Erde zu öffnen. Ein guter Tag zum Heiraten oder Freundschaften knüpfen. Ein wichtiger Tag für Gerichtsverhandlungen, Prozesse und Verträge. Möglich, dass sich langjährige Schuldner melden und ausstehendes Geld zurückzahlen. Dennoch sollte man sich nicht allein nur auf sein Glück verlassen. Es bewährt sich, heute einen neuen Dienst, eine neue Stellung, eine Kur zu beginnen oder einen Erholungsurlaub anzutreten. In Süddeutschland nennt man diesen Tag »Zistig« (vom griechischen »Zeus«). Mit Beleidigungen oder übler Nachrede sollte man heute sehr vorsichtig sein. Das könnte in heftigem Händel oder in Streitigkeiten enden. Gartenarbeiten kann man heute guten Gewissens in Angriff nehmen.

Wetterorakel

Dienstags Mittag prägt uns ein,
wie sonntags wird das Wetter sein.

Räuchermittel

Geißblatt, wohlriechende Hölzer, Knoblauch, Wermut,

Mittwoch – Wodanstag

Mittwoch ist der dem Göttervater und Herrscher von Walhall gewidmete heilige Tag, der schon seinem Namen nach kein voller Tag ist und daher als Unglückstag gilt. Man sollte am Wodanstag nicht säen oder düngen, den Stall nicht reinigen, das Vieh nicht auf die Weide treiben, auch keine Tiere kaufen oder verkaufen, keine Nägel schneiden, nicht die Haare waschen. An diesem Tag ist es auch nicht günstig, zu heiraten oder eine Taufe zu bestellen, Geld zu investieren, zu handeln oder zu feilschen. Bei Aussagen sollte man ehrlich sein, denn die Wahrheit kommt heute rasch ans Licht. Am Mittwoch darf man nichts Neues oder Entscheidendes beginnen.

Wetterorakel

- Oft ändert sich am Mittwoch das Wetter ab abends sechs Uhr.
- Wenn ein Monat mit einem Mittwoch anfängt, ist das Wetter den ganzen Monat über schlecht.

Räuchermittel

Gewürznelken, Mastix, Muskat, Rosmarin, Zimt

Donnerstag – Donarstag

An diesem, dem Wetter- und Donnergott Donar geweihten Tag, darf kein Holz gehackt, nicht gesponnen und keine Feldarbeit verrichtet werden. Es ist der Tag des Gerichts und von Rechtshandlungen, ein Thing-Tag.
Wer an diesem Tag heiratet, hat Glück in der Ehe, doch in der Verbindung wird es häufig donnern. Wer an einem Donnerstag erkrankt, braucht lange zur Genesung. Am Donnerstag soll man viel Erbsen und Hülsenfrüchte essen, denn sie sind Donars heiliges Mahl und Lieblingsgericht.
Wer an seinem Geburtstag keine Zeit hatte zu feiern, wählt den Donnerstag, um sein Jubeljahr in der Familie oder mit Freunden festlich zu begehen. Dieser Tag ist wie kaum ein anderer in der Woche geeignet, um Immobilien zu kaufen oder größere Anschaffungen vorzunehmen. Der Donnerstag ist zum Teil noch heute ein beliebter Markttag.

Wetterorakel

- Beginnt ein Monat mit einem Donnerstag,
  bleibt das Wetter wie an diesem Tag.
- Der Donnerstag ist wunderlich,
  der Freitag gar absunderlich.
- (21. Dezember) Thomas dreht die Stund um.

Räuchermittel

Aloe, Anis, Benzoe, Sandelholz

Freitag – Frijatag

Es ist der Tag der germanischen Liebesgöttin und einst traditioneller Hochzeitstag. An einem Freitag soll man kein neues Haus oder eine Wohnung beziehen und keinerlei Geschäft abwickeln, auch keine Reise antreten. Fluchen oder Verwünschungen soll man meiden und auch nicht von Hexen reden. Am frühen Morgen, nach dem Aufstehen, soll man nicht singen oder tanzen oder zu laut sein. Freitagskinder, die an einem Sonntag getauft werden, haben es im Leben fast ebenso gut wie diese. Es ist ein guter Tag, um schöne Dinge zu erwerben, seien es Bilder, Kleider oder Möbel. An diesem Tag darf man nichts Wichtiges anfangen, denn was am Freitag begonnen wird, nimmt kein gutes Ende. Wer am Freitag lacht, wird am Sonntag mit großer Wahrscheinlichkeit traurig sein. Wer heute aber ein Los kauft, dem könnte das Glück hold sein, und er wird einen großen Gewinn einstreichen.

Wetterorakel

- Der Freitag hält es nicht mit der Woche.
- Der Freitag hat zwei Wetter.
- Freitags Mittag prägt uns ein,
  wie sonntags wird das Wetter sein.

Räuchermittel

Ambra, Erdbeere, Moschus, Safran, Sandelholz, Vanille, Waldmeister, Zedernholz

Samstag – Sabattag

Wurde in früheren Zeiten »Sambastag« genannt, vom jüdischen Namen Sabbat, in Norddeutschland auch Sonnabend, als Verkürzung des »Abends vor dem Sonntag«. Der Samstag ist der Tag des Aufräumens, des Überdenkens des eigenen Lebens. In einigen Regionen im nördlichen Deutschland war dieser Tag der Frau Hulla (Frau Holle) gewidmet. Am Samstag oder am Vorabend eines Feiertags darf ab vier Uhr nachmittags nichts mehr getan werden. Auch spinnen ist verboten: Frau Holle bestraft diejenigen, die an ihrem Tag arbeiten. Man soll auch nichts Neues anfangen, nicht verreisen und keine neuen Kleider kaufen. Dämonen und Teufel besitzen am Samstag die Macht über die ungeschützten Menschen, die Hexen feiern an diesem Tag ihren Sabbat. Der Samstag gilt aber durchaus auch als Glückstag und wird in vielen Nationen gern als Hochzeitstag gewählt. Er ist nach alter Zeitrechnung der letzte Wochentag, also der letzte Arbeitstag.

Wetterorakel

- Wie Samstag Abend,
  so ist die nächste Woche.
- Samstag in die andere Woche schlägt.

Räuchermittel

Bilsenkraut, Efeu, Mohn, Myrrhe

Die Thomasnacht – 21. Dezember, Wintersonnenwende, Lostag

In manchen Regionen, Gegenden und Landesteilen – je nach Volkszugehörigkeit – zählt die Thomasnacht, vom 21. auf den 22. Dezember (je nach Sonnenstand), zu den vier wichtigsten Rauhnächten. In diesem Buch beginnen die Rauhnächte traditionsgemäß am 25. Dezember und enden am 6. Januar, dem Dreikönigstag, deshalb wird die Thomasnacht gesondert behandelt.
Im Volksbrauch ist der Thomastag noch immer unverrückbar verbunden mit der Wintersonnenwende, dem 21. Dezember, der früher auch als Beginn des neuen Arbeitsjahres galt. Der 21. Dezember, der kalendarische Winteranfang (im Jahr 2017 zum Beispiel beginnt der kalendarische Winter am 21. Dezember um exakt

INFO

EIN NEUER TERMIN

Nach der Neuordnung des seit 1. Januar 1970 gültigen römischen Festkalenders wurde der Gedächtnistag des heiligen Thomas auf den 3. Juli gelegt. Der alte Feiertag ist jedoch noch so tief im Gedächtnis und Herzen der Menschen verankert, dass es vielen schwerfällt, sich an die Verlegung zu gewöhnen.

17:29 Uhr), ist der Tag mit der längsten Dunkelheit und dem kürzesten Tageslicht.
Nach manchen Überlieferungen und Auslegungen ist die Thomasnacht die erste Rauhnacht und ein wichtiger Lostag. Lostage ermöglichen nach altem Volksglauben viele zukunftsweisende Vorhersagen, vor allem über kommende Wetterverhältnisse, Witterungen und zu erwartende Ernten.
Eigentlich ist Thomas nur der Überlieferungsträger einer älteren Zeit, auf ihn ist durch den Kalender und die Kirche die kürzeste Zeit übergegangen.
Thomas, der mit dem Hammer den Tag austreibt, hieß in Niederbayern auch »Thama mit dem Hamma« oder er wurde als der »blutige Thomerl« bezeichnet.
Thomas gilt als Schutzpatron der Architekten, Feldmesser, Geometer, Steinhauer und Zimmerleute. An seinem Tag sagten die Bauern:

Wenn St. Thomas dunkel war,
gibt's ein schönes neues Jahr.

Glück und Segen für das kommende Jahr

Fast alle Bräuche in alten Zeiten zielten darauf ab, für das kommende Jahr Glück und Segen für Haus, Stall und Fluren zu erflehen. Während der Zwölften, wie die Rauhnächte auch genannt wurden, musste alle Arbeit ruhen, durfte nicht gedroschen, gebacken oder gewaschen werden. Verboten war auch das Essen von Hülsenfrüchten wie Erbsen und Linsen, und das Aussprechen von Tiernamen wie Wolf, Fuchs, Ratte und Maus. Das brachte Unglück und beschwor obendrein die bösen Geister und Dämonen herauf.

Von Thomas-Träumen und Thomas-Orakeln

Wie kaum eine andere Nacht im Jahr ist die Thomasnacht (wie auch die Andreasnacht) für viele Orakel, Orakelbräuche und Zauberriten gut. Was man in der Thomasnacht träumt oder »sieht«, wird wahr, wird sich erfüllen. In alten Zeiten stellte man am Vorabend der Thomasnacht Töpfe und Schüsseln mit Speisen und Früchten für die Geister und Verstorbenen auf; damit wollte man sie gnädig und wohlwollend stimmen. Der Thomastag war auch der Tag des Lebkuchen- und Kletzenbrotbackens.

Die Thomasnacht ist auch für viele Liebesorakel zuständig. In einigen Regionen und Landschaften setzten sich die jungen Mädchen vor dem Schlafengehen nackt auf ihre Bettkante und murmelten die Formel:

Heilger Thomas, hilf,
zeig mir in der Nacht,
was für mich
die Zukunft bringt!

Oder die Mädchen steckten in der Thomasnacht einen Besen in die Erde oder in den Schnee – wenn sie sich in der Rauhnacht hinaustrauten – und stellten ihre Schuhe ringsum; fanden sie diese am anderen Morgen verschoben, zeigte dies ihnen an, aus welcher Richtung der Liebste kommen werde.

Das Buchstabenorakel

Beliebt war das Schreiben von 24 Buchstaben mit Kreide an die Tür. Mit verbundenen Augen wurde dann auf einen Buchstaben getippt – der dann getroffene galt als Anfangsbuchstaben des künftigen Geliebten. Oder man schrieb die Buchstaben auf 24 Zettel und legte sie unter das Kopfkissen. Der erste Griff in der Nacht verriet dann den Anfangsbuchstaben des Geliebten, des eigenen Berufs oder den des Zukünftigen.

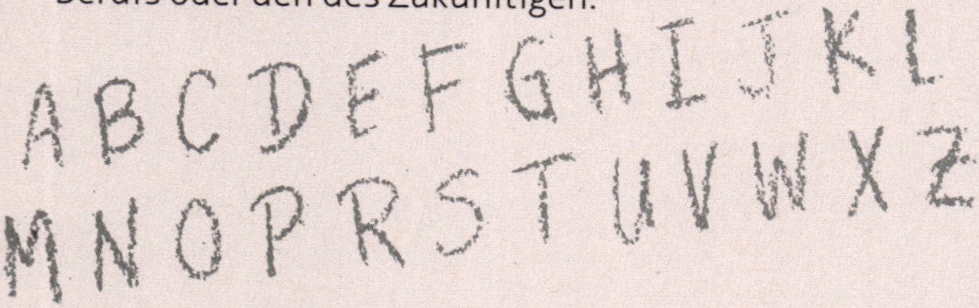

Das Apfelorakel

Beim Apfelorakel wurde ein Apfel in der Mitte durchgeschnitten und die Kerne in einer Hälfte gezählt. Waren die Kerne paarig, so heiratete man bald, war ein Kern entzweigeschnitten, so bekam man Streit, waren zwei durchschnitten, so wurde man verwitwet.

Knödel mit Glücksnummern

Am Thomasabend wurde gern das sogenannte Knödelkochen zelebriert. In die Knödel wurden Zettel mit Nummern gesteckt: Derjenige Knödel, der zuerst oben schwamm, enthielt die Glücksnummern.

Der Thomastraum

Auch in dieser Nacht waren die Träume ein machtvolles Orakel, um mehr über das Schicksal zu erfahren. Man legte sich mit dem Kopf auf das Fußende des Bettes, und was man dann träumte, das erfüllte sich.

Baumgeister

In der Thomasnacht gingen die Mädchen um Mitternacht in den Garten, klopften dreimal an einen Baum und sprachen:

Bäumlein, ich schüttle dich,
was ich krieg,
das regt sich!

Dann horchte man am Baum, ob ein darin wohnender Geist Antwort gab. Hörte man den Geist klopfen, wies das auf den Beruf des Zukünftigen hin: auf einen Schmied, einen Schuhmacher oder einen Zimmermann. Ein schöner Brauch, doch weiß der Geist auch über unsere modernen Berufe Bescheid? Etwa über einen IT-Spezialisten?

Eine Hirschkuh verheißt ein glückliches Jahr

Nur mit sehr großem Glück erfüllte sich für einen das Hirschorakel, bei dem man in der Thomasnacht einer Hirschkuh begegnen musste. Wem das widerfuhr, dem stand ein glückliches und gesundes Jahr bevor.

Thomasesel

»Thomasesel« nannte man denjenigen, der an diesem Tag zuletzt aus dem Bett stieg: Er musste es sich gefallen lassen, dass er den ganzen Tag mit diesem Namen gehänselt wurde.

Hering essen

Mancherorts aßen die heiratswilligen Mädchen einen Hering. Im Traum in der Nacht brachte dann der Zukünftige Wasser zum Trinken.

INFO

SO KLAPPT'S GARANTIERT!

Mit diesem Spruch glaubten viele Heiratswillige, den ersehnten Bräutigam zu finden:

Kommt er mit einem Glas Wasser,
so will ich ihn lassen.
Kommt er mit einem Glas Wein,
so soll er mein Eigentum sein.

Das Gansorakel

Nur auf dem Lande ließ sich das Gansorakel befragen: Die Mädchen holten eine Gans aus dem Stall, brachten sie in die Spinnstube, verbanden ihr die Augen und stellten sich im Kreis um sie herum. Das Mädchen, auf das die Gans nun zuwatschelte, würde bald heiraten.

In den Spiegel sehen

Wer einen Spiegel besaß, ging mit dem Spiegel zusammen mit einem brennenden Licht in der Thomasnacht ins Freie hinaus. Wer um Mitternacht in den Spiegel sah, erkannte, was der Geliebte zu diesem Zeitpunkt machte.

Leinsamen streuen

Am Thomasabend gingen die Mädchen in den Garten oder aufs Feld, verstreuten Leinsamen und sprachen:

Ich säe meinen Samen
in Sankt Thomas' Namen,
in Sankt Thomas' Garten
will ich meinen Bräutigam erwarten.

Er erschien ihnen dann von Angesicht zu Angesicht im Traum.

Das Blumenorakel

Beim Zupfen von Rosenblättern sagte man auch folgenden Spruch auf:

Kaiser, König, Edelmann,
Bürger, Bauer, Bettelmann.

Segen durch die Seelen der Gestorbenen

In diesen heiligen, geheimnisvoll-dunklen, mit Spuk und seltsamen Zaubern erfüllten Nächten gedachte man auch der Seelen der Verschiedenen, denen man die Kraft zuschrieb, dass sie einem förderlich oder hinderlich sein konnten – je nachdem, ob die Taten, die man plante, untadelig oder frevelhaft waren.

Selbstwahrnehmung und -beobachtung

Die Thomasnacht eignet sich ganz besonders zum Träumen und zu Traumspielen, zur Selbstwahrnehmung und kritischen Selbstbeobachtung, vor allem aber dazu, Zukünftiges vorwegzunehmen. In dieser Nacht sind die Voraussetzungen für besonders schöne und harmonische, aber auch für tiefe und ernste Träume gegeben. Nutzen Sie diese Nacht, um mehr über sich zu erfahren!

Erreichen werden die Träume gewiss aber nur den, der sich auch dafür öffnen kann.

Stellen Sie sich vor Ihrem geistigen Auge vor, wovon oder von wem Sie in der Nacht träumen wollen. Das kann ein geliebter Mensch sein, ein erstrebtes Berufsziel oder die Überwindung quälender Schmerzen. Nehmen Sie sich vor dem Einschlafen vor, die Träume oder Traumszenen fest im Gedächtnis zu behalten. Entscheidend ist das beim Aufwachen am Morgen. Konzentrieren Sie sich ganz auf diesen Moment. Gleich nach dem Erwachen ist der Traum noch gegenwärtig und abrufbar. Sie müssen ihn nur festhalten.

Die zwölf Rauhnächte

Die erste Rauhnacht – 25. Dezember

Traumgesichte und Wetterorakel gelten für den Monat Januar

In dieser ersten Rauhnacht, einer von vielen mit Schaudern und Ängsten erwarteten Zeit, findet und formiert sich die Wilde Jagd, ruft Odin (»Hrafna-gud« = Rabengott), der Allvater, der Herr der Welt, der wilde Jäger, seine nächtlichen Jagd- und Schreckensgefährten zusammen und macht sich mit ihnen auf, durch die nächtlichen Himmel zu stürmen und die Welt mit Schrecken zu überziehen (siehe Seite 9 ff.).

In der ersten und einer der wichtigsten Rauhnächte des Zwölferzyklus (neben der Thomasnacht, der Silvester- und Dreikönigsnacht) beginnt das Zauber(er)leben. Die Mysterien nehmen Gestalt an, die Tore zur Anderswelt öffnen sich, das »Wunschland«, das durch seine geheimen Kräfte und Energien vielen Menschen, die sich bisher vom Schicksal benachteiligt glaubten, zur Seite steht und sie unterstützt, regiert die nächsten zwölf Tage mit aller Macht. Es gilt für jeden, sich nach Kräften vorzubereiten auf das Kommende, auf das Verheißungsvolle ebenso wie auf das Schreckliche. Eben auf die Zeit, die den Menschen Unheil verheißt, wenn sie sich den Gesetzen der Rauhnächte nicht beugen, ihnen aber auch versprechen, sie auf dem weiteren Lebensweg zu beglei-

ten, sie zu beschützen und vor all dem drohenden Unheil zu bewahren.
Der Heilige Abend, der Vorabend von Christi Geburt, ist der volkstümliche Beginn der Rauhnächte und ebenfalls eine der wichtigen Losnächte.

Die Schrecken der ersten Rauhnacht

In der ersten Rauhnacht galt es vor allem, Haus, Hof und Ställe auszuräuchern, um für den Ansturm der Wilden Jagd, Odins schreckliche Horden, gewappnet zu sein. Die wenigen Mittel, die den Menschen zur Verfügung standen, waren Gebete, Orakel-, Schutz- und Bannsprüche sowie Räuchermittel. Es galt, vieles zu beachten, um Odins furchtbarem Heergefolge keine Gelegenheit zum Eingreifen zu geben.
Das ging vom Wegfegen der Raupen auf den Kohlköpfen in den Feldern bis hin zum Füttern der Obstbäume, die ein Strohband verpasst bekamen, damit sie im nächsten Jahr auch reichlich Früchte tragen würden. Dies geschah immer mit einem furchtsamen Blick nach oben, zum Himmel hin, ob da nicht plötzlich die Wilde Jagd auftauchte und einen verschleppte oder einem den Garaus machte. Nach Einbruch der Dunkelheit ging man mit dem Dreschflegel in alle Räume des Hauses und schlug damit in jede Ecke. Das sollte die Mäuse, alles Ungeziefer und die bösen Geister vertreiben. Die Brunnen schützte man vor Geistern und Dämonen, wenn man mit einem Gewehr hineinschoss. Oder man warf Münzen hinunter,

damit sie nicht versiegten und immer wieder Wasser spendeten.
Wer im nächsten Jahr eine reichliche Ernte einfahren wollte, musste am Vorabend vor der ersten Rauhnacht seine Obstbäume schütteln oder mit Stroh umbinden. Das »Umgürten« sollte ein dicker Knecht oder eine unbescholtene Magd tun. Vielerorts legte man ein Büschel Heu vor die Türschwelle; das sollte bewirken, dass im folgenden Sommer das Futter üppig wuchs und das Vieh gut gedieh.
Es gab auch Speisereste, die an den Obstbäumen niedergelegt oder mit dem Tischtuch ausgeschüttelt wurden. Das hieß »den Bäumen essen geben«. Brachten unverheiratete oder ungebundene Mädchen die Reste der Mahlzeiten zu den Bäumen, horchten sie gespannt, aus welcher Richtung die Hunde bellten. Von dorther sollte der zukünftige Bräutigam kommen.
Am Tag nach der ersten Rauhnacht durfte nicht gearbeitet werden, da gewisse Tätigkeiten Unheil bringen

würden. Es durfte keine Milch verkauft werden, da sonst das Vieh verhext wurde und der Milchfluss versiegte. Am Abend aß man Buttermilch, dies sollte vor Kopfschmerzen bewahren.
Ab der ersten Rauhnacht, wie auch in den anderen Rauhnächten – diesen heiligen und geheimnisvollen Stunden –, gedachte man zudem der Seelen der Verstorbenen, der Abgeschiedenen, denen man die Kraft zuschrieb, dass sie ihnen nahestehende Menschen immer begleiteten und behüteten. Man ließ für sie bis zu Dreikönig Reste der Abendmahlzeit auf dem Tisch stehen.

Orakel und Zukunftsehen

Die erste Rauhnacht, vor allem die Stunde um Mitternacht, war eine besonders durchdrungene Orakelnacht, in der alle Zauber aufgetan sind und ein sicherer Blick in die Zukunft gestattet ist. Angewendet wurden das Pantoffel- oder Schuhwerfen, das Fensterhorchen, das Bleigießen (siehe Seite 93 ff.), die Getreideprobe sowie das Stallhorchen, um die Sprache der Tiere zu belauschen. Die Getreideprobe nahm man vor, wenn man wissen wollte, wie im nächsten Jahr die Ernte ausfiel. Vor der Mitternachtsmette durchschnitt man mit einem scharfen Messer zuerst Brot, mit einem anderen Messer noch übrig gebliebenes Weihnachtsgebäck; beide Messer wurden auf den Ofen gelegt. War nach der Mette das Brotmesser rostig, so war eine gute Ernte zu erwarten, war das andere Messer rostig, gedieh der Weizen.

Fiel die erste Rauhnacht auf einen Sonntag, gab es die sogenannten Sonntagskinder, also die Kinder, die an einem Sonntag oder an einem besonderen Feiertag zur Welt kamen (also in der Christnacht, in der Neujahrsnacht, in der Dreikönigsnacht oder in der Johannisnacht, am 24. Juni). Ihnen sagte man nach, dass sie um Mitternacht aus den Sternen lesen konnten, wer im kommenden Jahr sterben würde. Ihnen sollte auch alles gelingen, was sie in Angriff nahmen und vollenden wollten.
Ein heiratswilliges Mädchen konnte in der Rauhnacht seine Zukunft erfahren, indem sie an den Hühnerstall klopfte. Gackerte drinnen der Hahn, würde es im nächsten Jahr einen Mann oder Bräutigam bekommen. Meldete sich dagegen eine Henne, musste sie noch ledig bleiben.
Nach alter Überlieferung wurde in der Mitternachtsstunde der ersten Rauhnacht, solange die Uhr schlägt, alles Wasser in Brunnen und Flüssen in Wein verwandelt.
Für ganz einfache Antworten, eben nur Ja oder Nein, bediente man sich des Wurforakels. Man warf fünf Münzen, Brotkügelchen oder Kieselsteine auf den Tisch. Wenn man durch Verschieben von nur einem der Gegenstände die Form eines Kreuzes schaffen konnte, galt die vorher gestellte Frage als bejaht.
Schälte man bei Anbruch der Dunkelheit einen Apfel vom Christtag, musste man darauf achten, dass die Schale am Stück blieb. Das brachte Glück im nächsten Jahr. Kehrte man am Abend die Herd- oder Kaminasche zu einem Häufchen zusammen, musste man es am

anderen Morgen genau betrachten. War es unversehrt, war das ein gutes Zeichen. War es eingedrückt oder verweht, würde ein Unglück die Familie treffen.
Schulden sollten zurückgezahlt, geliehene Gegenstände zurückgegeben werden.
Der von einem kundigen Menschen gebundene Zwölferbesen hatte Zauberkräfte, damit konnte man das kranke Vieh heilen.
Um die in den Lüften und um die Häuser lauernden Geister und Dämonen zu vertreiben, wurden in vielen Regionen des Landes am Vorabend der ersten Rauhnacht die Glocken geläutet. Mit Lärmen und Poltern, durch Peitschenknallen und Ausräucherungen der Häuser und Ställe versuchte man, der bösen Dämonen Herr zu werden und sie fernzuhalten. Was dann meistens auch gelang.

Räuchern an Weihnachten

Damit die schrecklichen Geister von Anfang an wussten, dass sie keine Macht über die Menschen und ihre Häuser und Höfe erlangen konnten, gingen die Bauern nach Anbruch der Dunkelheit mit ihren Kräuter- und Räuchergefäßen durch Haus, Heim und Stallungen und räucherten jede Ecke und jeden Winkel gründlich und lange aus. Verwendet wurden gern Weihrauchkörner, Schlehdornzweige oder Wacholderbeeren. In vielen Regionen und Gegenden wurde nur an Donnerstagabenden geräuchert.

Die Räuchermischungen und Kräuter wurden – je nach Region – zu ganz bestimmten Zeiten gesammelt, verarbeitet und nach traditionellen Rezepten zubereitet und gemischt. Dazu gehörten je nach Vorlieben, Region und Tradition: Lavendel, Kampfer, Lorbeer, Rosmarin, Drachenblut, Salbei, Sandelholz, Thymian, Wacholder, Weihrauch.

Weihrauch war das kostbarste und wichtigste Räucherwerk, aber auch das teuerste. Am gebräuchlichsten waren daher Rosmarin, Wacholder und Lavendel. Die Räucherungen wurden nach Sonnenuntergang vorgenommen. Zuerst wurde in allen vier Ecken die Wohnstube geräuchert, dann die Schlafkammer der Eltern und Kinder, die Ställe der Tiere, manchmal auch die Scheuer und die wichtigen Nebengebäude.

Nach dem Rauchumgang durfte oder sollte man das Haus nicht verlassen oder den Stall aufsuchen, denn die bösen Geister könnten Lust verspüren, heimlich und verstohlen in die Menschenheime einzudringen.

INFO

WACHOLDER GEGEN DAS BÖSE

Wacholder war das zu allen Zeiten beliebteste Räucherwerk; er hinderte die bösen Geister am Eindringen in Haus und Hof, lähmte die Dämonen bei ihren Streichen und gab Sicherheit für die Geisternacht.

Es gab je nach Landschaft und Region auch andere Bräuche, Räuchermittel und Kräuter. Dazu gehörten Tanne, Fichte, Kiefer, Mistel (Donnerbesen), Bärlapp (Drudenfuß). Sie wurden klein geschnitten, auf glühende Holzkohle gelegt und an allen vier Ecken eines Hofes oder einer Grundfläche aufgestellt. Ihre Räucherung schützte vor der Wilden Jagd, vor Behexung und brachte Glück ins Haus.
Weitere Räucherwerke waren: Baldrian, Beifuß, Copalharz, Eisenkraut, Engelwurz, Holunder, Muskatellersalbei, Alraune.

Die Träume der ersten Rauhnacht

- Wer in dieser Rauhnacht im Traum mit einem fremden Mann tanzt, sieht einer baldigen Verlobung entgegen.
- Wer im Traum einen Goldschatz findet, muss sich keine Sorgen um seine Zukunft machen.
- Ein Traum von einem Brand bedeutet Gefahr für Haus und Hof.
- Wer in der ersten Rauhnacht zu einer Wegkreuzung geht, kann erkennen, was ihn im neuen Jahr erwartet und auf ihn zukommt.
- Wer im Traum mit einem Hund spielt, kann sich der Treue seines Liebsten oder seiner Liebsten gewiss sein.
- Wer krank ist und von einem Sonnenaufgang oder einem großen, einzeln stehenden Baum träumt, wird bald gesunden.

Traumsymbole und Gefühle

Die Träume oder Traumsymbole sollten notiert werden, mit erlebten und empfundenen Gefühlen, mit Datum, Uhrzeit und persönlichem Wohlbefinden. Vielleicht auch mit den aktuellen Wettergegebenheiten. Das kann später bei ähnlichen Traumsymbolen helfen, einen Zusammenhang zu finden, eine verborgene Botschaft zu entdecken oder auf einen Pfad geführt zu werden. Wie in der Thomas-, Silvester- und Dreikönigsnacht sollte man in der Weihnachts-Rauhnacht den Träumen große Beachtung schenken. Denn nur wenige Male im Jahr gibt es so eine Gelegenheit, mit der Anderswelt Verbindung aufzunehmen. Und dadurch viel über sein eigenes Schicksal und die persönliche Zukunft zu erfahren.
Begegnen Ihnen Symbole, die Sie nicht gleich deuten können, lassen Sie sich Zeit. Auf einmal taucht aus Ihrem Unterbewusstsein ein Signal, eine Botschaft auf, die Ihnen Aufschluss über Ihre Grübeleien gibt. Hinterfragen Sie nicht zu viel, nehmen Sie einfach an, was »gegeben« wird.

Wetterorakel

- Ist der Januar linde,
  folgen im Frühjahr raue Winde.
- Wenn die Fliegen spielen im Januar,
  kommt Kälte nach im Februar.

Die zweite Rauhnacht – 26. Dezember

Traumgesichte und Wetterorakel gelten für den Monat Februar

Auch in dieser Nacht unternimmt die Wilde Jagd alles, um neue Seelen zu erobern und mitzunehmen in ihre finsteren und fürchterlichen Abgründe.
Das wilde Heer, die Wilde Jagd, braust nun weiter ungehindert über die Lande und verbreitet immer noch Angst und Schrecken, während in Kirchen, Häusern und Höfen die Geburt Christi gefeiert wird. Es gilt jetzt, die Schutz- und Trutzbündnisse wieder aufzunehmen, zu erneuern, und damit die wirksamen Kräfte der Rauhnächte für das Zukunftsehen und die Jahresvorschauen zu nutzen.
Man sollte sich immer gut überlegen, welche Fragen man an die Zukunft richtet, was man für wichtig hält.
Es ist nicht immer gut, alles zu wissen, alles zu erfahren. Die Zukunft verhält sich manchmal sehr spröde und verweigert die Aussagen, wenn sie erkennt, dass der Fragende nicht reif genug für die Antworten ist oder mit den Ergebnissen nicht fertig wird.

Kein Rad darf sich drehen

In diesen Tagen geschah nicht viel. Es durfte noch immer nicht gearbeitet werden, sonst kamen das wilde Heer und die Perchta und forderten ihre Rechte ein. Es war nicht gut, wenn man es sich mit den höheren Mächten verscherzte oder sie erzürnte. Es ist dunkel und kalt, die Zeit steht still, die Sonne hängt wie ein gefrorener Eisblock immer an der gleichen Stelle am Himmel und betrachtet das sonderbare Treiben auf der Erde. Alles musste ruhen, nichts durfte umgehen, kein Rad sollte sich drehen, weder an den Wagen, Karren noch am Spinnrad – das Rad war das Symbol der Sonne, die jetzt auch stillstand. Es ist Mittwinter, Odin hält seinen Umzug um die Erde mit dem wütenden Heer und seinem gespenstischen Gefolge, mit feurigen Hunden und infernalischem Lärm. Frau Holle oder Perchta, die geheimnisvolle Windsbraut und Wolkengöttin, tobt in langen, weißen Gewändern durch die Lüfte, hält Hof- und Ausschau nach ihrer Rauhnacht-Gefolgschaft.

Die Gedanken festhalten

In der zweiten Rauhnacht soll man das angehen, was man in der ersten Rauhnacht nicht bedacht, vergessen oder nicht im Sinne hatte. Darum sei angeraten, sich neben einem Traumtagebuch auch ein Rauhnacht-Notizbuch anzulegen. Das Notieren hilft, spontane Gedanken festzuhalten, sodass sie nicht verloren gehen oder in Vergessenheit geraten. Es ist aber auch nützlich, wenn man später noch einmal auf Ideen zurückgreifen möchte.

Wer in dieser Nacht besonders auf die Zeit achtet, wird feststellen, dass sie entweder wie im Fluge vergeht oder langsam dahintröpfelt, wie ein undichtes Weinfass.
Es ist möglich, dass Familienmitglieder oder Freunde Ihnen in kurzen Abständen immer wieder die gleichen Fragen stellen. Nehmen Sie keinen Anstoß daran, das hat mit der veränderten Zeit, mit der Anderszeit zu tun, in der die normale menschliche Ablauflogik der Dinge keinen Raum hat. In alten Zeiten wechselte man im Monat Februar die Stelle. Nehmen Sie das als Anlass, Ihre Position im Leben neu zu überdenken und mögliche Veränderungen ins Auge zu fassen.
Disziplinieren Sie Ihre Gedanken, wünschen Sie keinem Menschen etwas Böses, bedenken Sie alle, mit denen Sie in Ihrem Lebensumfeld zu tun haben, mit wohlgesinnten Gedanken. Auch jene Personen, die Ihnen nicht besonders liegen oder Ihnen nicht geneigt sind.

INFO

WISSEN FÜR DIE ZWEITE RAUHNACHT

- Wer sich heute eine Wünschelrute schneidet, dem ist für die folgenden Tage Glück und Erfolg bei allem Tun beschieden.
- Was Sie in der Sonntagnacht träumen, kann sich erfüllen, wenn Sie fest daran glauben und keine Zweifel hegen.

Räuchern mit Eisenkraut

Eisenkraut ist nicht die schönste Pflanze, dennoch machen sie ihre inneren Kräfte zu einem der beliebtesten Liebeskräuter. Wer die Liebe einer Frau/eines Mannes erringen wollte, hängte sich ein kleines Leinensäckchen mit Eisenkrautblüten um den Hals und schlief mit dem Namen der oder des Geliebten auf den Lippen damit ein.

»Salbei und Birne«

Räuchern Sie kurz nach Sonnenuntergang alle vier Ecken Ihrer Wohnstube aus. Das bringt Ihnen innere Ruhe und Frieden, und Sie können sich voller Zuversicht auf die kommende Woche vorbereiten. Verwenden Sie Salbei, das verhilft zu einem klaren Geist und schützt vor äußeren und inneren Einflüssen. Salbeiblätter können auch zum Liebeszauber verwendet werden. Auf drei Blätter schreibt man den eigenen Namen, den Namen des oder der Auserwählten, verbrennt sie und vergräbt die Asche bei Sonnenaufgang unter einem Holunderstrauch. Man spricht dabei den Namen des Zukünftigen aus. Alles andere wird sich zur rechten Zeit ergeben. Wem es gelungen war, im Laufe des Jahres einen Birnenzweig in die Schlafkammer mitzunehmen und bis zu den Rauhnächten dort aufzubewahren, konnte in der zweiten Rauhnacht sein Liebesorakel befragen.

Die dritte Rauhnacht – 27. Dezember

Energiemeditation und Wetterorakel gelten für den Monat März

In den mystischen Rauhnächten ist besonderes Feingefühl angesagt, man sollte viel Rücksicht auf andere nehmen, sich auch in Gedanken zurückhalten und hin und wieder den Jahreskräften lauschen, wie sie sich vom alten Jahr verabschieden und dem neuen Jahr entgegenwachsen. Die dritte Rauhnacht war wie keine andere dazu geeignet, bestehende Beziehungen zu hinterfragen und sich über die Liebe zum Partner klar zu werden. Die dritte Rauhnacht steht für den dritten Monat des nächsten Jahres, den Monat März.

Die Zahl 3

In Legende und Überlieferung begegnen wir immer wieder der geheimnisvollen Zahl Drei. Im Sprichwort heißt es: »Alle guten Dinge sind drei.«

- Drei Tage musste Jonas im Bauch des Walfisches zubringen, drei Tage vergingen von der Kreuzigung bis zur Auferstehung.
- Das Christentum spricht in seiner Offenbarung vom »Dreieinigen Gott«.
- Die Dreiteilung der christlichen Hochfeste im Kalender: Weihnachten, Ostern, Pfingsten.

STYRAX LÄSST KUMMER VERGESSEN

INFO

Das Harz des Styraxbaumes (auch Storax) war schon in der Antike ein begehrtes Räuchermittel, riecht ähnlich wie Vanille, harmonisiert die Seele, beruhigt und entspannt. Es darf nur nicht übermäßig dosiert werden, da man davon leicht Kopfschmerzen bekommt. Gemischt mit Kalmus stärkt es wunderbar die Kräfte des Herzens.

- Drei Könige kamen aus dem Morgenland.
- Isis, Osiris und Ra stellten die drei Hauptgötter Ägyptens dar.
- Shiwa, Wishnu und Brahma werden von den Hindus als Dreieinigkeit verehrt.
- In der griechischen Sage begegnen wir den drei Parzen, die das Schicksal weben.
- Bei den alten Germanen sind es die drei Nornen, die den Faden des Lebens spinnen und abschneiden.
- In der Edda sind es drei Götter, von denen die Schöpfungsstrophen sagen:
  Sinn gab Odin, Seele Hönir,
  Leben gab Lodur und lichte Farbe.
- Drei Tage währte die ägyptische Finsternis.
- Dreimal auf Holz klopfen rührt von den alten Zeiten her, als man noch in Holzhäusern wohnte und mit dem Klopfen die bösen Geister verjagen wollte, wenn

man über die Zukunft oder das eigene Glück sprach. Das vertrieb die unliebsamen Gesellen auf jeden Fall.

- Im Märchen müssen meist drei Aufgaben gelöst werden, oder die gute Fee gestattet der Hauptperson drei Wünsche. Häufig sind es drei Prinzessinnen oder drei Hexen.
- Kommt in der dritten Rauhnacht wider Erwarten ein altes Weib ins Haus, so muss ein junges Mädchen noch ein Jahr ledig bleiben.
- Nach Augustinus ist die Drei die Zahl der Seele.
- Die Drei steht auch für die Vergangenheit, die Gegenwart und die Zukunft.
- Ist etwas gut ausgegangen oder spricht man von seiner Gesundheit, klopft ein guter Freund, eine gute Freundin oder man selbst dreimal auf Holz. Das versöhnt den Neid der Götter oder des Schicksals.

Energiemeditation

Der März, der Lenzmond oder Frühlingsmond, hat den Auftrag, dem Winter Lebewohl zu sagen und am 21. März den Frühling willkommen zu heißen. Die Kräfte der Natur und die Energie des Menschen erwachen wieder zu neuem Leben. In früheren Zeiten war dieser Monat der Anfang des Jahres, weil mit ihm das Alte starb, das Neue aber an Kraft gewann. Nehmen Sie diese Chance wahr, bereiten Sie sich vor für einen

Neuanfang, schöpfen Sie daraus neue Energien. Das können Sie praktizieren bei einem Spaziergang in einem Park, in einem Wald, auf einem Berg oder auch einfach in Ihrem Garten. Sie können dabei gehen oder stehen. Richten Sie alle Sinne auf die Erde, mit der Sie Kontakt haben. Erfühlen Sie ihre Energie, lassen Sie sich durchströmen von den Erdkräften und Impulsen, und fühlen Sie sich als ein Teil der Schöpfung.

Abstand vom Alltag bekommen

Wählen Sie ein Räucherstäbchen, ein Harz oder Räucherkraut aus. Oder Sie mischen drei Ihrer Lieblingsräuchereien und legen diese auf die glühende Holzkohle in der Räucherpfanne. Dann ziehen Sie sich an Ihren Kraft- oder Meditationsort zurück. Entspannen Sie sich mit einigen tiefen Atemzügen, und visualisieren Sie einen Menschen, eine Begegnung, eine noch im Monat März zu treffende Entscheidung. Vielleicht sehen und fühlen Sie auch ganz neue Bilder in sich, denn beim Räuchern kommen manchmal längst vergessene Geheimnisse ans Licht.

Wetterorakel

- Märzregen geht dürrem Sommer entgegen.
- Wenn der März nicht tut, was er soll,
  ist der April der Launen voll.
- Windiger März bringt schönen Mai.

Die vierte Rauhnacht – 28. Dezember

Das Sonnenritual gilt für den Monat April

Die vierte Rauhnacht steht ganz im Zeichen der Kinder, der »unschuldigen Kinder«, wie es im Jahreskalender der katholischen Kirche heißt. Es ist der Gedenktag für die Kinder, die König Herodes einst – beim sogenannten Kindermord von Bethlehem – ermorden ließ, um Jesus von Nazaret zu töten. An diesem Tag geht Frau Holle den Kindern voran, die im kommenden Jahr geboren werden. Hier vermischen sich uraltes Brauchtum und christlicher Glaube. An diesem Tag, der als Windfeiertag gilt, wurde der Wind mit Mehl gefüttert; es durfte sich auch kein Spinnrad drehen, da es Wind erzeugte.

Segnet und bittet für die Kinder

Wenn um die Höfe, Häuser und Stallungen die Stürme tobten, rückte man in den Stuben noch viel enger zusammen, zündete eine Kerze an oder ein Öllicht und lauschte auf die an- und abschwellenden Winde, den harten Schlag der Hufe von Odins Heer auf den dunkeldüsteren Wolkenbänken oder den sich immer wiederholenden Rufen der schrecklichen Frau Holle, dem bösen Gegengeist der guten Frau Holle. Die gute Frau Holle wurde den Menschen in den Märchen als besänftigendes Feenwesen gesandt, um ihnen mitzuteilen, dass dem

existierenden Bösen durch gute Eigenschaften und positives Verhalten Widerstand und Trutz geboten werden konnte.
Einst glaubte man, dass Kinder von Hexen aus den Wiegen geraubt und durch Wechselbälger eingetauscht würden, wenn die Räume nicht geräuchert waren. Drei Lichter in der Kammer sollten die schlafenden Kinder vor den bösen Weibern schützen.

INFO

SICHERHEIT DER KLEINSTEN

Da man wusste, dass die Kinder die schwächsten Menschen auf einem Hof oder im Haus waren, mussten sie besonders geschützt werden. Man hängte einen Kranz aus Eisenkraut an ihre Kammertür oder flocht einen Wacholderstrang, der die ganze Breite der Tür abdeckte und an die Türschwelle geschoben wurde.

Die Wilde Jagd geht weiter

Mit dem April, dem vierten Monat im Jahr, ist das erste Drittel der Rauhnächte vorüber. Es folgen aber immer noch acht Geister- und Schreckensnächte, denn erst in der Dreikönigsnacht zieht sich das wilde Heer zurück, und Odin begibt sich wieder nach Walhall, seiner Götterfestung, zu all den gefallenen Helden und Kämpfern, zu seinen treuen Untertanen und tapferen Walküren.

Odin und seine Dämonenschar haben noch immer nicht genügend tote und unglückliche Seelen um sich herum versammelt und halten in jeder Rauhnacht Ausschau nach neuen Opfern oder unglücklichen, fehlgeleiteten Menschen, die trotz aller Warnungen in den Nächten unterwegs sind oder glauben, dass ihnen die umherschwirrenden Geistergestalten nichts anhaben könnten.

Eine Kiste voller Energie

Erfahrene Bauern, Landleute, Mägde und Knechte, die das überlieferte Wissen ihrer Vorfahren, Urgroßeltern und Großeltern zwar nicht aufgeschrieben, sich aber durch unendliche Wiederholungen eingeprägt haben, hatten irgendwo auf dem Hof oder im Haus einen Platz, eine Truhe oder Kiste, in der kleine Äste, Zweige, Rinden, Baumknospen oder Wurzeln aufbewahrt wurden. Ganz gleich, ob diese natürlichen Utensilien verwelkt, verdorrt oder zusammengeschrumpelt waren, die Essenz, der Geist in den natürlichen Pflanzen oder Pflanzenteilen war noch immer vorhanden und hatte seine energetische Wirkung, auch durch die lange Aufbewahrungszeit, nicht verloren.

Selbst ein klitzekleiner Holzspan, ein kaum fingernagelgroßes Stück eines Birkenbaumes, eines Wacholderstrauches oder ein Rindenstück einer alten Eiche barg in sich noch so viel positive Energie, dass es wie eine Familienreliquie von Generation zu Generation weitergegeben und geehrt wurde.

Räuchern nach Intuition

Bevor die Sonne untergeht, gehen Sie noch einmal um Ihr Grundstück, um Haus und Hof und alle Gebäude, die Ihnen gehören oder anvertraut sind. Meiden Sie eine bestimmte Ecke oder einen Teil des Grundstücks? Nehmen Sie sich noch einmal die Zeit, und umgehen Sie dieses Ihnen nicht sehr sympathische Gemäuer, und räuchern Sie es still und mit wohlwollenden Gedanken aus. Vertrauen Sie auf Ihre Intuition, und gehen Sie wieder ins Haus zurück, überzeugt und zuversichtlich, dass Sie allen bösen Einflüssen Einhalt geboten haben.

Diese Zeremonie gibt auch Ihrer Wohnung Schutz vor allen negativen Einflüssen und stärkt Ihre seelischen Kräfte: Tannenzweige, in allen Räumen ausgelegt, schützen vor Krankheit und Gefahren. Ein Tannen- oder Pinienzapfen, der in das Bett eines frisch vermählten Paares gelegt wird, stärkt die Liebeskraft und verbindet die Seelen miteinander.

Sonnenritual

Der April ist weder ein Monat der Sonne noch des Lichts. Er bietet auch keine Anreize für eine Exkursion in die Natur; er ist launisch, wetterwendisch, unberechenbar, ein zänkischer Bursche, der mit den Wettergöttern spielt, wie es ihm gerade in den Sinn kommt.

Mit seinem sprunghaften Wesen, seiner unzuverlässigen und unberechenbaren Art schafft er sich im Jahreskreis keine Freunde. Dennoch: Er ist der Monat der Reinigung, der Öffnung der Erde, der die Knospen, die ersten Blüten öffnet. Vielleicht ist der April wie kein anderer Monat im Jahr dazu geeignet, sich vor dem inneren Auge das Bild der Sonne vorzustellen. Und das am besten am frühen Morgen, denn der ist wie geschaffen für eine so wichtige und durchdringende rituelle Handlung. Sie können die hier empfohlenen Vorgaben ohne Weiteres verändern, variieren, verkürzen oder verlängern, das sei Ihnen unbenommen.
Für Ihr Meditationsritual ist ein ruhiger Raum, ein von Umweltgeräuschen abgeschirmter Ort sehr wichtig. Sie brauchen zum Sonnenritual einen Platz, auf dem Sie sich für Ihre Begegnung mit der Sonne vorbereiten können – im Kleinen wie im Großen.
Heben Sie Ihre Arme, und breiten Sie sie so weit aus, dass Sie im Geiste den Sonnenball umfangen können. In Ihrer inneren Vorstellung strömt nun das wunderbare Licht, die alles durchdringende Kraft der Sonne in Ihren Körper hinein. Leiten Sie das wohltuende Sonnenlicht überall in Ihren Körper, und berühren Sie damit die wichtigsten Organe.
Das Sonnenritual kann Ihnen viel geben und jede Menge Kraft, Ruhe und Gelassenheit für den Alltag schenken.

Die fünfte Rauhnacht – 29. Dezember

Die Baummeditation gilt für den Monat Mai

Fünf Sinne besitzt der Mensch, fünf Finger hat er an jeder Hand, fünf Zehen an seinen Füßen. Die fünfte Rauhnacht naht mit schnellen Schritten heran. Sie hat eine eigene Kraft, eine ganz eigene Magie, die nur in diesen Nachtstunden wirkt. Vielleicht auch nur für eine kurze Zeit ...

Zu dieser Zeit toben die Dämonen und losgelassenen Ungeheuer, die finsteren Mächte, am heftigsten; während dieser Stunden sind aber auch die Abwehrkräfte am stärksten. Noch vor der Dämmerung band man die Beifußblätter, die man im September gesammelt hatte, zu Kränzen, hängte sie an die Türen, damit sie alle Höllenkünste abwehrten. Wer vor Beginn dieser Rauhnacht Haus und Hof und wichtige Gebäude richtig, gründlich und lang ausgeräuchert hatte, musste sich vor dem unheilvollen Geisterzug Odins nicht fürchten. Da konnte es in den Lüften, den Wolken, um die Häuser und in den angrenzenden Wäldern noch so heulen und toben und jammern, Häuser und Höfe, Menschen und Tiere waren vor allem Übel geschützt und hatten nichts zu befürchten. Nur das Haus durfte man nicht verlassen, ebenso keine Fensterläden öffnen, jedem Klopfen an der Tür widerstehen, keinem Hilfeschrei Folge leisten.

Heilige Nächte und Tage im Mai

Die fünfte Rauhnacht steht für den Monat Mai, den »Wonnemonat«, den Hochfrühlingsmonat, die Hoch-Zeit der Liebesorakel und romantischen Beschwörungen. Doch noch wirken die Energien und Kräfte der Walpurgis in den Maienanfang hinein, der Hexen- und Dämonenspuk, das große Teufel- und Hexen-Thing, die unheimliche Heerschau von Hexen, Fledermäusen, Kobolden, bösen Riesenzwergen und vielen anderen seelenlosen Geschöpfen der Nacht.

Der 1. Mai war vor alten Zeiten der Hochzeitstag Wodans, nachdem er in den Zwölften um die Göttin Freya (Frigg) geworben hatte. Wie die Zeit der Zwölften waren die ersten zwölf Maitage für unsere Vorfahren heilige Nächte und Tage. Allerorts wurden dem Donar geweihte Zweige von der Eberesche und dem Holunder gesammelt, die sogenannten Hexenbesen, um den Geistern und Dämonen Einhalt zu gebieten.

Jetzt aber, in Ihrer Zukunftsschau, haben Sie es in der Hand, wie Sie Ihre Zeit im Monat gestalten und bestimmen. Es ist eine Zeit, die noch vor Ihnen liegt. Sie entscheiden, welche Wünsche Ihnen etwas bedeuten. Wenn Sie krank sind, denken Sie sich gesund, vermeiden Sie aber, ins Detail zu gehen. Betrachten Sie sich in Ihrer Ganzheit, »sehen« Sie sich gesund an Leib und Seele. Zweifeln Sie nicht an sich und Ihren Gedanken, setzen Sie einfach voraus, dass das Beste, das Schönste auf Sie zukommen wird.

Wünsche und Hoffnungen aufschreiben

Notieren Sie in Ihrem Tagebuch Ihre Wünsche, Ihre Hoffnungen, Ihre Bitten und Erwartungen, fügen Sie Zeit, Umgebung und Ihre momentane Verfassung hinzu. Vielleicht fällt Ihnen auch ein auf die Situation passendes Wort oder ein entsprechender Begriff ein. Schreiben Sie auf, was Ihnen für den Monat Mai in den Sinn kommt, wobei Sie auch Ihre Familie oder Freunde mit einbeziehen können. Das hilft Ihnen, wenn der Mai gekommen ist, die aktuelle Situation an Ihren Wünschen zu messen, aber auch zu erkennen, dass Ihre Wünsche und Hoffnungen sich geändert haben oder bereits in Erfüllung gegangen sind.

Im Rückblick auf die fünfte Rauhnacht wird Ihnen aufgehen, wie hilfreich und aufbauend sie für Ihre Weiterentwicklung und Seelenstärkung war, allen Ängsten und Schrecken zum Trotz. So kann Schlechtes auch etwas Gutes bewirken, so wie die Nacht dem Tag weichen muss, das Licht die Dunkelheit besiegt. Es ist so, wie in der alten Sage berichtet, dass sich vergrabene Schätze aus der Erde heben, um sich der Sonne auszusetzen. Ebenso wird es Ihren Wünschen und Bitten ergehen.

Baummeditation

Im Monat Mai, dem Wonnemonat, erreicht der Frühling seinen Höhepunkt. Die Natur hat ihr schönstes Kleid angelegt, alles wächst und gedeiht, und ein wohltuender Segen liegt über dem Land.
Nehmen Sie sich vor, an einem sonnigen Maitag in den Wald zu gehen und nach einem Baum zu suchen oder ihn »zu finden«. Einen Baum, der nur für Sie da ist und der Sie Ihr ganzes Leben lang begleiten wird. Wenn Sie mit Ihrem Baum Freundschaft schließen, schenkt er Ihnen nicht nur viel Kraft, er füllt auch Ihre leeren Herzenskammern wieder auf und lässt so manches Übel kleiner erscheinen.
Sehen Sie Ihren Baum hoffnungsvoll und zuversichtlich an, und nehmen Sie ihn ganz in sich auf. Es wird nicht lange dauern, und alle diese Offenbarungen der Schönheit des Geistes der Natur senken sich tief und unauslöschlich in Ihr Herz hinein.
Öffnen Sie Ihr Herz ganz weit, und nehmen Sie seine Energien tief in sich auf. Und lassen Sie los. Sie werden sich auf einmal frei und unbeschwert fühlen, und neue Kraft und Zuversicht wird Sie erfüllen. Nehmen Sie dies mit hinein in Ihren Alltag.

Die sechste Rauhnacht – 30. Dezember

Traumgesichte und Wetterorakel gelten für den Monat Juni

Es gilt in dieser Nacht, sich mit allen Kräften und Energien auf das nächste Jahr vorzubereiten und sich zu konzentrieren. Sechs Rauhnächte im alten Jahr sind unwiderruflich vergangen, dahin, verweht; man kann an ihnen und den geschehenen Realitäten nichts mehr verändern, korrigieren oder umgestalten. Wir sind nicht in der Lage, in der Zeit hin und her zu agieren oder Vergangenes wieder ungeschehen zu machen. Was vergangen ist, ist vergangen und lässt sich nicht zurückholen.

Allerdings ist die Zeit ein Phänomen, das – zum Glück – nicht im Menschenwerk liegt, um es zu formen, zu ändern oder zu gestalten. Das sehen wir ja an den Rauhnächten, der Zwischenzeit, der Unzeit, den unzähligen Herzschlägen mittendrin, die die Nichtzeit beleben und sie auf ihre eigene Art und Weise dennoch lebendig und für uns Menschen real machen.

Es wird für den einen oder anderen schwierig sein, Traumbilder zu erstellen, wenn gleichzeitig die entfesselten Höllenmächte an den Grundfesten der Häuser und Stallungen rütteln und Einlass fordern. Und durch wildes Brüllen und unmenschliche Schreie Menschen und Tiere in Angst und Schrecken versetzen.

Der Brachmond

Andererseits erlaubt diese Nacht die Sicht in den Monat Juni, den herrlichen Rosenmonat, der in alten Zeiten auch Brachmond genannt wurde – mit der Sommersonnenwende (20. bis 22. Juni), dem längsten Tag des Jahres, im Gegensatz zur Wintersonnenwende am 21. Dezember, dem kürzesten Tag des Jahres. Sommer- und Wintersonnenwende gelten als besonders wichtige Orakelnächte im Jahr. Zwar trieben auch Hexen und Kobolde in der Johannisnacht ihr Unwesen, Türen und Fenster wurden am Abend sorgfältig verstopft und alte Besen vor den fest verschlossenen Eingängen und Pforten zu Häusern und Ställen gelegt, um den bösen Mächten den Eintritt zu verwehren. Andererseits waren Elfen, Heinzelmännchen und gute Geister schnell zur Stelle, um den Menschen mit ihren Ängsten beizustehen.

Werden Sie Gestalter Ihrer Zukunft

Nehmen Sie die von Ihnen am Johannistag gesammelten Beifußblätter, flechten Sie sich einen kleinen Kranz, und legen Sie ihn sichtbar vor sich hin. Wenn Sie verliebt sind, schieben Sie einige Blätter unter das Kopfkissen, das stärkt die Liebeslust. Haben Sie sich vorsorglich auch noch einen Haselzweig besorgt, sind Sie vor Hexenkraft und negativen Energien gut geschützt.

Bevor Sie zur Ruhe gehen, notieren Sie sich Ihre Wünsche für den Monat Juni, Ihre Vorstellungen, was Sie möglicherweise in diesem Monat für sich erhoffen oder vielleicht neu gestalten wollen. Sie selbst können nun im Geiste der Schöpfer und Gestalter Ihrer Zukunft werden und sein.

Ein Brief an sich selbst

Spüren Sie in Gedanken die Wärme der milden Junisonne auf Ihrer Haut, während Sie Ihre Hoffnungen, Wünsche und Sehnsüchte niederschreiben. Öffnen Sie sich dabei voll und ganz, an Leib und Seele, dass Sie spürbar Fühlung haben mit diesem herrlichen Monat, der Ihnen so viel Gutes bescheren kann. Sollten Sie in dieser Nacht Kummer oder Sorgen haben, denken Sie inbrünstig daran, dass es wieder hell wird – so hell, wie Ihnen die Sonne im Juni mit ihrem strahlenden Schein zugeneigt ist.

Wenn Visionen lebendig werden

Zünden Sie sich vor dem Schlafengehen – zusammen mit Ihrem Partner, wenn es ihn schon gibt – eine Kerze an, eine große mit einer warm-roten Flamme, die Ihnen ein Gefühl des Heimeligen und des Geborgenseins gibt, aber auch als ein Symbol einer kleinen Sonne empfunden werden kann. Folgen Sie doch dem alten Brauch, und tragen Sie am Tage ein Geldstück

in einem Schuh, dann träumen Sie ganz gewiss von Ihrem Zukünftigen, wenn Sie noch nicht gebunden sind. Je nachdem, ob Sie einen Partner haben oder nicht, versetzen Sie sich nun langsam in die Zeit des Rosenmonats, des Monats, der durch die sechste Rauhnacht geöffnet wird – und nehmen Sie alles an, was an Gedanken auf Sie zukommt und Sie an Gefühlen durchdringt. Vielleicht schlafen Sie gleich ein oder tagträumen noch einige Zeit vor sich hin – lassen Sie es geschehen. Erzwingen Sie nichts, üben Sie sich in Geduld, und schlafen Sie sich Ihren Visionen entgegen ... Wachen Sie in der Nacht einmal auf, notieren Sie sich sofort alles, woran Sie sich erinnern und was Ihnen gedanklich zuströmt.
Und denken Sie dran: Was man in der Johannisnacht (23./24. Juni) träumt, wird in Erfüllung gehen.

Wetterorakel

- Wenn im Juni Nordwind weht,
  kommt Gewitter oft recht spät.
- Stellt der Juni mild sich ein,
  wird's auch der Dezember sein.
- Im Juni viel Donner,
  bringt einen trüben Sommer.

Das alte Jahr verabschiedet sich nun und macht Platz für das neue.

Die siebte Rauhnacht – 31. Dezember

Traumgesichte und Wetterorakel gelten für den Monat Juli

Noch eine Nacht, dann ist das alte Jahr vorbei, es hat ausgedient und zieht sich aufs Altenteil zurück. Beim zwölften Glockenschlag zur Mitternacht beginnt das neue Jahr: Das Alte wird vom Neuen abgelöst. Wenn die Uhr zwölf schlägt und die Glocken das neue Jahr einläuten, dann rückt auch der Zeiger des Lebens ein Stück weiter vor. Man denkt daran, die Jahre rinnen vorbei – wie viele bleiben einem noch? Jedem Jahreswechsel liegt ein besonderer Zauber inne, es ändert sich nicht nur die Jahreszahl, ein neues Jahr bringt auch neue Energien und eine neue Motivation mit. Der Wechsel vom alten zum neuen Jahr wird genährt von der Hoffnung, dass es in der kommenden Zeit noch etwas besser werden kann – oder eben weniger schlecht. Der Silvesterabend gilt als Heilignacht wie Weihnachten und Dreikönig. Das alte Jahr geht zu Ende und ein neues Jahr beginnt. Nach altem Brauch sollte man in dieser Nacht einen Hering verspeisen, dann hat man das ganze Jahr über Glück. Das gehört zu den alten Überlieferungen, zu denen es keine Erklärung gibt, die sich anscheinend aber bewährt haben.

Es gab strenge Bestimmungen für die Silvesternacht, den zweiten Heiligen Abend, eine der wichtigen Losnächte

der Zwölften. Eine Vielzahl an traditionellen Orakeln sollte Gewissheit über die Zukunft schenken.
Zu Mittag wurde nur wenig gegessen, damit man die Nacht durchhielt und dem Jahreswechsel hellwach entgegensehen konnte. Es gab je nach Region geräuchertes Fleisch oder Sauerkraut, einen Hering oder die klassische Erbsensuppe, die Reichtum und Segen bringen sollte.
Alle fieberten dem Abend entgegen, der Orakelzeit, denn die Silvesternacht war eine der wichtigsten Orakel- und Losnächte, in der man erfahren konnte, was das neue Jahr, die nächsten Monate brachten. Was das Leben für einen an Überraschungen parat hatte, wie man die nächste Zeit überstand, ob Krankheiten oder Unfälle auf einen zukamen. Wie es um die persönliche Befindlichkeit stand, welche Überraschungen einem in den kommenden Monaten blühten.

Lärm und Rauch hält die Geister fern

Bevor die Nacht hereinbrach, ging der Hausherr mit dem Räuchertopf durch die Stube und die Kammern, räucherte die Ecken der Räume aus, um böse Geister zu verjagen, Hexen und Kobolde vom Haus abzuweisen und allgemein Unheil abzuwehren.
Am häufigsten wurde die Räucherung mit Weihrauch angewendet, aber auch Wacholder, wenn Weihrauch nicht zur Hand oder nicht erschwinglich war. Aber auch Salbei und Thymian fanden Verwendung. Außerdem nutzte man Myrrhe, Kampfer und Angelikawurzel. Höchst

empfindlich reagierten die Geister und Unholde auf Lärm und Getöse. Das veranstalteten sie lieber selbst. Der Krach gehörte dazu, um die bösen Geister der Rauhnächte zu vertreiben und damit die Angst vor dem Ungewissen, vor der Zukunft, zu verjagen. Oft wurde dann auch richtig »scharf« geschossen – bis der Gesetzgeber diesen Brauch verbot. So kamen die heute üblichen Raketen, Böller und Kracher an die Reihe. Das Anstoßen mit den Gläsern in der Silvesternacht symbolisiert das Glockenläuten, das die bösen Geistern vertreiben und das neue Jahr segnen soll. Am besten ist es, wenn an Silvester mehrere Menschen zusammen sind, denn die bösen Geister bleiben dann fern. Wenn um Mitternacht noch die Glocken von den Kirchen schallen, zieht sich das Geisterheer zurück in seine höllischen Abgründe.

Raketen tragen die Wünsche zum Himmel

Schon im alten China war es üblich, beim Jahreswechsel Feuerwerksraketen in den Himmel zu schießen. Damit die Wünsche und Begehren der Menschen bei den Göttern im Himmel auch Gehör fanden und beachtet wurden, schrieb man auf kleine Papierzettel das auf, was man am meisten ersehnte. Dann wurden die Raketen in den Himmel geschossen, zu den Göttern, die sich der Bedürfnisse der Menschen annahmen.

Das ist ein schöner Brauch, der nicht nur die Geister verjagt und das Unglück fernhält, sondern auch stumme Zwiesprache mit den guten Mächten über uns gestattet.

INFO

DEN BAUMGEIST AUFWECKEN

Die Silvesternacht galt auch als wichtig und entscheidend für die Fruchtbarkeit auf den Feldern und Gärten. Je nach Region und Brauchtum ging der Bauer am Abend noch einmal hinaus und wünschte den Bäumen ein gutes und fruchtbares Jahr. Oder er schoss in den Baum, um den schlafenden Baumgeist aufzuwecken, damit er den Baum beschützte.

Orakel helfen, die Zukunft zu deuten

Es gibt viele Liebes- und Zukunftsorakel, die in der Silvesternacht ausgeübt und ausprobiert werden.

Bleigießen

Die Rose kündet Liebe, die Zwiebel stille Tränen an …
Von den vielen Silvesterbräuchen und Orakelspielen ist das Bleigießen wohl das bekannteste und beliebteste, um zu erfahren, was das neue Jahr bringen wird, welches Schicksal einem zugedacht sein wird.
In früheren Zeiten aber war das Bleigießen kein Spiel. Alchimisten, Heiler, weise Männer und Frauen nahmen das Blei zu Hilfe, wenn es wichtige Entscheidungen zu treffen galt: vor Geburten, vor Hochzeiten, bei Krankheiten. Fast jeder Haushalt verfügte damals über Blei, es wurde benutzt, um Gewehrkugeln zu fertigen oder um die Butzenfenster zu fassen. Im übertragenen Sinne kann

das Blei als Schwermetall für alles Schwere und Belastende angesehen werden, das man im alten Jahr zurücklassen möchte. Wann der Brauch, Blei zu gießen, entstanden ist und in welchem Zusammenhang, ist schwer zu sagen. Schon im Altertum war das Gießen von Blei eine oft angewandte Methode. Im Mittelalter wurden mit dieser Gusstechnik Siegel, Abzeichen, Schaumünzen usw. hergestellt. Möglicherweise hat die Erfindung der Buchdruckkunst durch Johannes Gutenberg, um das Jahr 1450 herum, mit dem Silvesterbrauch zu tun. Zum Drucken wurde flüssiges Blei in die Matrizen gegossen. Schriftsetzer, die im Besitz von Blei waren, konnten Feiertagsgäste und Freunde zu Silvester mit dem Schwermetall versorgen, das dann in erhitztem Zustand in Wasser gelassen wurde und Figuren bildete. Wichtig beim Bleigießen ist die persönliche Verfassung, denn sie beeinflusst die endgültige Form der Bleifiguren. Wer also sehr ausgeglichen sein Blei ins Wasser gießt, wird harmonischere Figuren erhalten als jener, der nervös und ungeduldig damit umgeht. So also kann das gegossene Blei zu einem wahren Spiegelbild der seelischen Verfassung werden.

Und so geht's

Man legt ein Stückchen Blei in einen Löffel und hält diesen über eine Kerzenflamme. Daneben stellt man eine Schale mit kaltem Wasser. Sobald das Blei flüssig geworden ist, wird es schnell ins Wasser gegossen, damit es noch im Sinken erstarrt.

Wichtig ist, dass der Löffel schnell umgedreht wird. Die sich bildenden Figuren werden als Orakel angesehen, aus denen sich zukünftige Ereignisse im neuen Jahr ablesen lassen. Oft wird die Bleifigur in das Kerzenlicht gehalten. Die Form des Schattens dient dabei als Hilfe für die Deutung der Figur und des Orakels.

Die Bedeutung der Formen und Figuren

Gehen Sie bei der Deutung der Formen nicht zu verkrampft vor, schließlich ist es nur ein Spiel. Akzeptieren Sie den ersten Gedanken, der Ihnen durch den Kopf schießt. Wenn Sie meinen, eine Katze zu sehen, dann nehmen Sie das an, aber deuteln Sie nicht daran herum. Vor dem Bleigießen legt man sich Papier und Stift bereit, um die Anzahl seiner Formen und Figuren zu notieren. Das geschieht nach folgendem Beispiel:

- Figuren: Fisch, Frau, Kind, Hund, Mann, Schwein
- Formen: Dreieck, Kreis, Oval, Viereck
- Gegenstände: Axt, Brille, Rose, Treppe, Zwiebel

Gießt man beispielsweise einen Ball, »rollt einem das Glück entgegen«, während Blumen »überraschende Freude versprechen«, »Familienglück« zeigt ein Fenster an oder ein Herz verspricht »gute Nachrichten und viel Liebe«. Ein Turm weist auf einen lang »ersehnten Besuch« hin, während Zwiebeln vor »Kummer und Aufregungen« warnen. Der Stern steht für das Glück, das Kreuz für Kummer, der Nagel für den Schmied, der Baum für den Förster, der Ring für die Hochzeit usw.

In früheren Zeiten sammelte man Blei, aus dem dann in der Zeit zwischen 23 und 24 Uhr Kugeln gegossen wurden. Ritzte man in eine solche Kugel ein Kreuz hinein, konnte damit jedes Wild erlegt werden, und keine Kugel verfehlte jemals ihr Ziel.

Wachsgießen

Sollten Sie kein Blei zur Hand haben, lässt sich auch Bienenwachs verwenden. Das Wachs bildet nach dem Gießen auf der Wasseroberfläche einen Film, der mit einem Essstäbchen herumgerührt wird. Nach dem Erstarren bilden sich rasch die Symbole aus.

Das Hut- oder Tellerorakel

Besonders aufschlussreich ist das Orakel, zu dem man entweder neun Hüte oder neun Teller braucht. Unter den Hüten oder Tellern wurden neun verschiedene Gegenstände versteckt: ein Ring (Hochzeit), eine Puppe (Kind),

INFO

SPORTLICHES ORAKEL

Ein alter Brauch ist das »Bett treten«. Wenn Mädchen sich nach einem Geliebten oder einem Hochzeiter sehnen, treten sie vor dem Einschlafen so lange auf ihr frisch gemachtes Bett, bis sie müde einschlafen. Der Mann, von dem sie in der Nacht träumen, wird sie zum Altar führen.

eine Tasche (Reise), ein Kamm (Glück), ein Stück Kohle oder eine geknickte Blume (Unheil), ein Schlüssel (Haus), ein Messer (Streit), ein Gebetbuch (Segen) und ein Knopf (Geld). Genau beim Glockenschlag um Mitternacht hebt jeder Fragende einen Hut oder einen Teller hoch. Der Gegenstand, der dabei aufgedeckt wird, verrät, was ihm das beginnende Jahr bringen wird.

Das Taschentuchorakel

Wer an Silvester ein Taschentuch auf die Erde wirft, der kann dadurch so allerhand erkennen: Hebt eine Frau es an einer Ecke auf, wird sie einmal ein Mädchen zur Welt bringen. Fasst sie es in der Mitte an, soll es ein Junge werden.

Küsse unterm Mistelzweig

Sind über einem Türstock Misteln oder ein Tannenkreuz angebracht, darf jede Frau herzhaft geküsst werden, die sich gerade darunter befindet. Denn die Mistel bringt Glück, schaltet ungünstige Einflüsse aus und beschenkt Paare mit vielen Kindern.

Karpfenschuppen bringen Glück

In der Silvesternacht verstreut man im ganzen Haus die Schuppen des zubereiteten Karpfens, dann hat man das ganze Jahr Glück. Und wer eine Schuppe vom Silvesterkarpfen im Geldbeutel trägt, dem geht das Geld nicht aus.

Odins Hufeisen

Fand jemand ein Hufeisen, war er ein glücklicher Mensch. Das wurde als eines der Hufeisen von Odins achtbeinigem Pferd Sleipnir gedeutet. Man nagelt es über die Haustür, nimmt aber mehr als drei Nägel, sonst verliert es seine magische Kraft. Das hält Hexen, böse Geister und Dämonen fern, die panische Angst vor dem Eisen haben.

Erbensuppe bringt Reichtum und Segen

An Silvester soll man traditionell Erbsensuppe oder Hering essen. Das bringt nicht nur Glück, sondern hält auch Krankheiten fern.

Sauerkraut hält jung

Wer in der Silvesternacht Sauerkraut ohne Beigabe isst, bleibt das Jahr über von Verdauungsstörungen verschont.

Einstimmen auf die Nacht

Die Silvesternacht gehört mit zu den wichtigsten Rauh-, Orakel- und Losnächten. Träume und Traumgesichte haben in den Silvesternächten schon immer eine Wunsch erfüllende Bedeutung. Daher achtete man sehr auf seine Träume und Traumgesichter. Nehmen Sie sich vor dem Einschlafen vor, welche zukünftige Situation Sie sich herbeiwünschen oder von welcher Person Sie sich ein Lebenszeichen ersehnen. Bevor Sie schlafen gehen, stimmen Sie sich auf die nächtlichen Stunden ein.

- Das Anwesen oder die Wohnung wird ausgiebig geräuchert.
- Türen und Fenster sind fest verschlossen.
- Sie haben Stift und Papier bereit gelegt.
- Wenn Sie liegen, atmen Sie mehrmals tief ein und aus, so lange, bis Sie sich ganz ruhig fühlen. Oft dauert es nicht lange, bis man einschläft.
- Ergreifen Sie gedanklich Ihren größten Wunsch, und stecken Sie einen Ihrer Daumen in Ihre leicht geballte Faust. Behalten Sie diese Handhaltung bei, bis Sie ganz eingeschlafen sind oder sie sich von selbst löst. Wenn Sie am Morgen wieder erwachen und Ihre Faust noch geballt ist wie beim Einschlafen, könnte Ihr Wunsch bald in Erfüllung gehen. Oder es werden sich für Sie Wege auftun, die Ihnen dabei helfen.
- Notieren Sie Ihre Träume auf jeden Fall in der Gegenwartsform. Das erleichtert Ihnen die Erinnerung an das nächtliche Traumgeschehen. Und merken Sie sich: Das Gefühl hat stets Vorrang vor dem Bild.

Wetterorakel

- Januar kalt und weiß, Juli trocken und heiß.
- Ohne Tau kein Regen, heißt's im Juli allerwegen.

Die achte Rauhnacht – 1. Januar

Traumgesichte gelten für den Monat August

Den Neujahrstag in unserem Kalender gibt es erst seit 1691, als Papst Innozenz XII. diesen Tag auf den ersten Januar festlegte. Bei den Römern galt dieser Tag als echter Glückstag, sie machten sich das Vergnügen, Freunde zu besuchen und dabei schöne Geschenke zu überreichen. Während des Mittelalters fiel der Neujahrstag auf den 25. März. Am 1. Januar 1583 führte Papst Gregor XIII. den gregorianischen Kalender ein. Die Zeit wurde umgestellt, vom Mondjahr (354 Tage) auf das Sonnenjahr (365 Tage).

»Wie das Neujahr beginnt, ...

... so ist es das ganze Jahr.« Gehen Sie frohgemut und mit viel Freude ins neue Jahr hinein, getreu dem oben genannten Motto. Und sehen Sie zu, dass Sie nicht zu lange schlafen, denn wer am Neujahrsmorgen als Letzter aus dem Bett kommt, wird im ganzen neuen Jahr immer zu spät dran sein. Es gibt viele Bräuche, Orakel und Riten, die am Neujahrstag beachtet werden sollten.

- Glück verheißt es, wenn man am Morgen mit seinem Namen angesprochen wird.
- Erfolg ist dem beschieden, der unbewusst seinen Geldbeutel öffnet und das noch verbliebene Geld nachzählt.
- Wer sich am Neujahrstag ein Linsengericht gönnt oder dazu eingeladen wird, dem geht das Kleingeld nie aus.

INFO

WENN DIE TAGE LÄNGER WERDEN ...

Zu Neujahr wächst der Tag um einen Hahnentritt,
zu Dreikönig um einen Hirschensprung,
am Tage Namen Jesu um eine Stund'
und zu Maria Lichtmess um zwei Stunden.

- Am Neujahrstag sollte man so viel essen, wie man kann, dann gehen einem die Speisen nie aus.
- Wer am Neujahrstag alle guten Vorsätze verwirklicht, tut es auch das ganze Jahr über.
- Am Neujahrstag soll man nichts fallen lassen, sonst hat man das ganze Jahr Unglück.
- Wer mutig genug ist, sich nach dem Silvesterläuten hinaus in die Nacht zu wagen, kann manchmal versunkene Glocken läuten hören.
- Mit einer in der Neujahrsnacht geschnittenen Wünschelrute kann man vergrabene Schätze heben oder Schatzfelsen öffnen.
- In der Silvester-/Neujahrsnacht sollte man auf keinen Fall das Haus verlassen, auch nicht einen Kreuzweg aufsuchen, denn dort lauern die Hexen und wollen einem Böses tun.
- Mit dem letzten Glockenschlag um Mitternacht fegt man mit einem Besen an allen vier Ecken die gute Stube aus, damit kehrt man das Unglück heraus.

INFO

DIE BESEN-PRÜFUNG

Bevor in alten Zeiten ein neuer Dienstbote die Stube eines Bauern betrat, warf man ihm einen Besen vor die Füße; hob er ihn auf, so war er fleißig. Was ein Dienstbote in der ersten Nacht träumte, ging in Erfüllung.

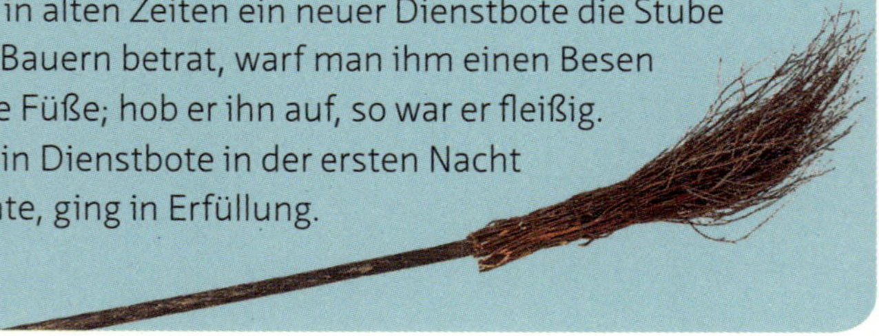

Brauchtum zum neuen Jahr

Es ist ein alter und beliebter Brauch, dass man sich zum Jahreswechsel in die Arme nimmt, sich die Hände schüttelt und einander Glück und alles Gute wünscht. Man stößt direkt oder gleich nach Mitternacht mit den Gläsern an.

Manche ziehen sich auch zurück und notieren sich, was sie vom neuen Jahr erwarten. Oder sie beschließen, neue Wege zu beschreiten und sich von alten Gewohnheiten zu trennen. Nehmen Sie sich nicht zu viel vor, denn sonst scheitern Sie an der Verwirklichung.

- Am Neujahrstag zog man frische Wäsche an, damit man sauber ins neue Jahr kam, das sollte vor bösen und hinterlistigen Mächten schützen.
- Was man in der Neujahrsnacht träumte, ging in Erfüllung, aber nur dann, wenn man einen geweihten Gegenstand unter das Kopfkissen legte.

- Wer in der Neujahrsnacht zwischen 23 und 24 Uhr in einem ausgeräucherten Winkel einen Kreis um sich zieht und eine Uhr schlagen hört, muss noch exakt so viele Monate, wie Schläge erklingen, auf den Liebsten warten.

Glücksbringer im Orakelkuchen

Wer Zeit übrig hat, um einen Kuchen zu backen, kann darin einige Glücksbringer verstecken. Man wickelt in klein geschnittenes Pergamentpapier zum Beispiel einen hell glänzenden Cent, ein kleines Hufeisen, einen silbernen Schlüssel, ein kleines Schweinchen, einen Kaminfeger oder ein Kleeblatt und schiebt diese Gegenstände vorsichtig in den Kuchen hinein. Warnen Sie Ihre Gäste vor, damit sich keiner einen Zahn ausbeißt. Die Kuchenstücke sollten vor dem Verzehr zerlegt werden. Wer ein verstecktes Symbol findet, kann sich glücklich schätzen und wünschen, wonach ihm der Sinn steht.

Zukunftsweisende Nüsse

Schöne, große Walnüsse werden so vorsichtig geöffnet und von den Kernen befreit, dass die Schale nicht beschädigt wird. In ihnen versteckt man selbst gereimte Orakelsprüche und klebt die Nüsse wieder zu. Die Gäste dürfen diese Nüsse dann knacken.

Die neunte Rauhnacht – 2. Januar

Traumgesichte und Wetterorakel gelten für den Monat September

Das neue Jahr beginnt, sich langsam zu formen, die Tage werden länger und länger, es kommen nur noch drei Rauhnächte, dann beginnt die Zeit wieder zu greifen, und die Nächte sind frei von allen bösen Geistern und Unheil bringenden Wesen. Doch noch immer herrschen Odin und seine Höllenmeute über die Nächte, und immer wieder müssen die Schutz- und Bannzauber erneuert oder wiederholt werden. Odin, der weise, zauberkundige Gott, der für seine Weisheit und sein Wissen ein Auge opfern musste, weshalb er auch der Einäugige genannt wurde, trat oft als alter Mann mit einem Schlapphut auf.

Und noch immer ist in den grausigen Nächten das Ächzen und Stöhnen der wilden Jäger und der toten Seelen zu vernehmen. Wehe, wer zu dieser Zeit unterwegs sein muss ... Er kann unversehens plötzlich von einem heftigen Wirbelwind in die Luft gehoben und vom wilden Jäger auf sein Pferd gezogen und in rasender, schwindelnder Eile irgendwohin davongetragen werden.

Die Seelen der Verstorbenen

So weiß man aus mündlich überlieferten Berichten, dass sich unsere Vorfahren die Luft mit unzähligen seelischen Wesen erfüllt dachten. Sie stellten sich die Seele als einen Lebenshauch oder Atem vor, der beim Tode eines Menschen ins Weltall entschwebt und sich dort mit den Elementen vereint: mit der Luft, aus der er gekommen war.

Man glaubte auch, dass nicht jeder Geist, besonders die Seelen böser Menschen, gleich nach der Trennung vom Körper zur Ruhe kommen konnte. Manche Seele musste noch lange umherirren, bis sie ihren Frieden fand. Und viele dieser armen Seelen ziehen mit dem wilden Jäger durch die Lüfte, bis sie irgendwann einmal in ferner Zukunft erlöst werden. Überall sind sie, die Seelen der Verstorbenen, hocken in den Baumwipfeln, schwirren mit dem Seelenwind und der Wilden Jagd durch die Lüfte.

In der kalten Winterzeit, in der die Naturgewalten am mächtigsten und am unerbittlichsten waren, war das heftige Ringen der guten und der feindlichen Kräfte in der Natur am stärksten. Und wie jedes Jahr zur Winterszeit begann wieder der Kampf zwischen Nacht und Licht, zwischen Totenstarre und Leben, zwischen Winter und Sommer, bis endlich die Wiedergeburt der Erde erfolgte.

Den Schlafraum ausräuchern

In dieser Nacht ist wieder sehr wichtig, das Traumgeschehen zu beachten und zu notieren. Und so bereiten Sie sich vor: Wählen Sie aus Ihrer Kräutersammlung eine Handvoll getrockneter Lavendelblätter

(man kann auch Beifuß mit Rosmarin mischen oder anderes Räucherwerk). Reiben Sie die getrockneten Blüten und Blätter zwischen den Handflächen, dann zünden Sie sie an. Blasen Sie das Feuer aber gleich wieder aus, damit die Mischung glimmt und nicht verbrennt. Tragen Sie die Räucherschale in alle vier Ecken des Raumes, dann einmal über Ihr Bett. Stellen Sie die Räucherschale an einen geschützten Platz oder vor die Tür, wenn Ihnen der Duft zu stark erscheint.
Stimmen Sie sich auf die Nacht ein. Haben Sie ein Foto oder Bild von einem Septembertag zur Hand, prägen Sie sich die Abbildung unter tiefen Atemzügen ein, und stellen Sie sich vor, dass Sie sich mitten im wunderschönen Herbst befinden.
Legen Sie sich den Notizblock und Stift neben das Bett, ebenso Ihren Wunschzettel.
Nach dem Erwachen am anderen Morgen oder in der Nacht schreiben Sie auf, was Sie gefühlt und/oder gesehen haben.

Wetterorakel

- Der September ist der Mai des Herbstes.
- Septembergewitter sind Vorboten von Sturm und Wind.
- Viel Eicheln im September, viel Schnee im Dezember.

Die zehnte Rauhnacht – 3. Januar

Traumgesichte und Wetterorakel gelten für den Monat Oktober

Die zehnte Rauhnacht steht für den Monat Oktober, den goldenen Monat, den Karl der Große »Weinmonat« nannte, die Römer achten Monat. Das bäuerliche Jahr neigt sich dem Ende zu, die Ernte ist eingebracht und untergebracht. Der Bauer dankt für die reichen Gaben, die ihm die Natur beschert hat. Nach der alten Bauernregel heißt es:

Bringt der Oktober viel Frost und Wind,
sind Januar und Februar gelind.

Erntemonat Oktober

Der Oktober ist der Monat der Fülle, der reichen Gaben. Viele ältere Menschen aber fürchteten den Oktober und betrachteten ihn als Unglücksmonat, weil Sodom und Gomorrha in dieser Zeit untergegangen seien. Andererseits ist der Oktober auch ein Monat der Freude, es ist die Zeit der Weinlese, man feierte fröhlich und ausgelassen die Weinfeste miteinander. Die Alten beobachteten die Oktober-Rauhnacht sehr genau:

War sie sehr kalt,
machte es im nächsten Jahr dem Raupenfraß Halt.

Das Leben feiern

Sie haben zehn Rauhnächte heil überstanden, das ist doch ein Grund zu feiern. Besorgen Sie sich Räucherwerk oder Räucherstäbchen: Rosmarin, Lavendel oder Weihrauch. Bieten Sie Ihren Freunden einen leichten Weißwein an, und tauschen Sie Ihre Traumerlebnisse aus. Vergleichen Sie die Erfahrungen mit Ihren »nächtlichen Filmen« mit denen Ihrer Freunde. Machen Sie sich »gedanklich« warm, und erzählen Sie von Ihren Träumen der letzten Nacht. Möglich, dass sich viele ihrer Traumbilder gleichen oder ähneln. Nach alten Überlieferungen weisen die Träume in der Oktober-Rauhnacht auf ein ereignisreiches Jahr mit vielen Überraschungen hin. Der Oktober ist der sanfteste Monat der harten Winterzeiten, er lässt die Seele noch einmal fröhlich und sonnig aufjubeln. Sprechen Sie mit Ihren Freunden über deren Wünsche, Hoffnungen und Gedanken für den Oktober des kommenden Jahres. Genießen Sie den Wein, und lassen Sie sich von den Räucherkräften erfassen. Denken Sie dabei auch an Ihre Freunde, die an Ihrem Treffen nicht teilhaben können. Ihre Gedanken und Empfindungen werden Sie erreichen, wo immer Sie sich auch aufhalten. Positive Gedanken sind besonders starke Kräfte und können viel bewirken, wenn sie im besten Sinne »gesendet« werden.

Die elfte Rauhnacht – 4. Januar

Traumgesichte und Wetterorakel gelten für den Monat November

Die vorletzte Rauhnacht steht für den November, dem Monat des Totengedenkens, dem Wind- oder Wintermonat. »Nebelung« nannte der Frankenkaiser Karl den November, weil jetzt der dichte Nebel, der Atem der Schöpfung, über Täler und Niederungen liegt. Liest man das Wort Nebel rückwärts, entdeckt man »Leben«.
Der November hat seinen Namen vom lateinischen »novem«, da dieser Monat im römischen Kalender der neunte Monat war. Die goldenen Herbsttage sind vorbei, das letzte Grün und Blühen ist dahin. Ein bleigrauer Himmel liegt wie ein dämpfender Mantel über dem öden und schweigsamen Land.

Rückbesinnung

Es ist eine Zeit der Besinnung, auch der Rückbesinnung an Menschen, die man liebte, und die diese Welt verlassen mussten. Nach altem Brauch stellte man an Allerseelen Speise und Trank an den Ort, an dem die armen Seelen gelebt hatten, vermied jeglichen Lärm, um sie nicht zu erschrecken oder gar zu verjagen. Auf die Gräber, an Kreuze und Grabsteine legte und hängte man Seelenbrezeln oder Seelenzöpfe.
Der November ist nicht nur der Monat des stillen Gedenkens, es ist auch eine Zeit der Orakel und des uralten

Brauchtums. Auf dem Herd durfte keine leere Pfanne stehen, damit sich keine arme Seele hineinsetzte, kein Messer sollte mit der Schneide nach oben auf dem Tisch liegen, denn darauf mussten die armen Seelen dann sitzen. Im Herd wurde ein Feuer angezündet, damit sich die armen Seelen daran erwärmen konnten. Die ganze Nacht hindurch zündete man eine Lichtschale an, die mit Butter oder Fett gefüllt war, damit die Seelen ihre Brandwunden vom Fegefeuer kühlen und lindern konnten. Am Allerheiligentag durfte weder gesät noch auf die Jagd gegangen werden.

Einen Kraftort entdecken

Wenn Sie sich noch keinen Kraftort geschaffen oder gefunden haben, sollten Sie das jetzt tun. Ein Kraftort dient der Aufladung und Verstärkung der Energie, der Meditation, der seelisch-geistigen Verbindung mit Vorfahren oder Menschen, die Ihnen nahestehen.
Es ist gar nicht so schwer, einen Kraftort oder Kraftplatz zu finden. Sie müssen nur Ihrer Intuition, Ihren Gefühlen folgen. Während der Rauhnächte sollten Sie keinen Platz außerhalb Ihrer Schutz- und Bannzonen wählen oder aufsuchen. Die beste Zeit für die Auswahl eines Kraftplatzes ist eine Stunde nach Sonnenaufgang. Gehen Sie los, wenn Sie in sich deutlich spüren, dass jetzt der richtige Zeitpunkt gekommen ist. Folgen Sie Ihrem Gefühl, lassen Sie sich von Ihrem inneren Kompass leiten und führen. Vielleicht gibt es einen Lieblingsbaum in

Ihrem Stadtpark, der an einer abgelegenen Stelle steht, damit Sie bei Ihrer Meditation keinen Störungen ausgesetzt sind.
Oder Sie haben in Ihrem Garten eine ganz besondere Ecke für sich entdeckt und »erfühlt«, in der Sie die Kraftschwingungen der Natur und Pflanzen besonders intensiv und eindringlich empfinden. Vielleicht haben Sie bei einem Spaziergang einmal eine sonnenbeschienene Lichtung gefunden, die Ihnen wie eine verzauberte Insel vorkam und deren Bild Sie ganz in sich aufgenommen haben. Ihr persönlicher Kraftplatz kann auch ein hoch aufragender Felsen sein, der für Sie gleichsam eine gewaltige Antenne zu den Mächten des Himmels darstellt.

Energien am Kraftort aufladen

Ob Sie an Ihrem Kraftort stehen, liegen oder im Schneidersitz kauern, spielt für Ihre Energiemeditation keine Rolle. Wichtig ist nur, dass Sie Ihre Energien und seelischen Schwingungen mit denen Ihres Kraftplatzes verbinden. Ihn als Verstärker benutzen. Und nun steht Ihrer »Zeitreise« nichts mehr im Wege.
Es unterstützt Ihre Energien, wenn Sie ein wenig Erde, Rinde oder einen Stein von Ihrem Kraftort mitnehmen und vor dem Einschlafen mit der Hand berühren.
Rufen Sie sich vor dem Schlafengehen, wenn Sie ruhig atmend im Bett liegen, die Bilder und Schwingungen Ihres Kraftplatzes ins Gedächtnis, und begeben Sie sich in den Monat November, um dort entweder persönliche Fixpunkte zu setzen oder an einem Tag Ihrer Wahl zukünftige Ereignisse festzumachen.
Nehmen Sie Ihre Gedanken und Visionen einfach als gegeben hin, und überlassen Sie sich Ihren nächtlichen Erlebnissen, die Sie nach dem Erwachen wieder in Ihr Traumtagebuch eintragen.

Wetterorakel

- Allerheiligen (1.11.) klar und helle,
  sitzt der Winter auf der Schwelle.
- Martini (11.11.) zeigt die Witterung
  auf den ganzen Winter an.
- Andris (30.11.) kommt der Schnee gewiss.

Die zwölfte Rauhnacht – 5. Januar

Traumgesichte und Wetterorakel gelten für den Monat Dezember

Die zwölfte und letzte Rauhnacht ist gekommen. Odins Wilde Jagd, das schreckliche Heer der Seelentoten und der anderen unheimlichen Kreaturen, muss dem Licht, den hellen Tagen weichen. Nun übernimmt die Sonne das Zepter und regiert wieder die ihr untergebene Welt.
Es kommt Freude und Hoffnung auf, aber auch ein wenig Trauer, da nun die Zeit der Orakel, Weissagungen und Mysterien zu Ende geht. Es ist die letzte Möglichkeit, noch einmal einen Blick in die ferne Anderswelt zu tun, den Schleier vor der ungewissen Zukunft zu lüften. Noch aber trieben die Geister – die guten wie die bösen – ihr Unwesen. Darum gedachte man in diesen heiligen, geheimnisvollen, aber auch schrecklichen Zeiten der Seelen der Verstorbenen, der Abgeschiedenen, die unter Odins allmächtigem Schutz standen.
Zu ihren Ehren und Gedächtnis trank man die Johannisminne, den Johannistrunk, der vor Gefahr und Vergiftung schützen und die Gesundheit bewahren sollte. Ein Trank, den man auch zu Ehren der alten Götter zu sich nahm. Diesen Trank reichte man zum Abschied vor Reisen, zur Versöhnung oder als Hochzeitstrank für Brautleute.

Auch an diesem Tag, beziehungsweise in der letzten Rauhnacht vom 5. auf den 6. Januar, war es üblich, Orakelsprüche anzuwenden, althergebrachte Beschwörungsformeln zu benutzen und überlieferte Bräuche wiederzubeleben. Es liegt in der Natur des Menschen, sich vor der Zukunft zu fürchten, vor der Zeit, die auf einen zukommt, von der man aber nicht sagen kann, ob sie Glück oder Unglück, Heil oder Unheil bringt.
Am Vorabend des heiligen Dreikönigstages wurde in den Kirchen Wasser, Salz und Kreide geweiht. Nach altem Brauch galt das Dreikönigswasser als ein Wundermittel für allerlei Gebrechen, das sieben Jahre aufbewahrt werden konnte, ohne zu faulen oder schlecht zu werden. Gelagert wurde es in geweihten Flaschen und bekam immer einen besonderen Ehrenplatz in der guten Stube oder in einer dafür ausgewählten Kammer. Das Wasser hatte eine große Heilkraft, wer davon trank oder sich damit bekreuzigte, war gefeit vor den schrecklichen Geistern und Unholden. Mit dem Dreikönigswasser besprengte der Hausherr die Wohnräume und Betten, aber auch die Felder und Äcker für eine gute Ernte.
Auch Zwiebeln und Knoblauch wurden geweiht und in kleinen Stücken verzehrt. Vielerorts wurden Kleinteile davon über dem Ofen aufgehängt oder dem Vieh zum Fressen beigemengt, um Herd und Stall vor den bösen Geistern zu schützen. An die Tür genagelt, nahmen sie die Krankheiten hinweg oder nahmen sie in sich auf, damit sie nicht mehr schwären konnten.

Den Tieren lauschen

In der letzten Rauhnacht verhelfen die guten Geister noch einmal zum Einblick in die jenseitige Welt, in der Vergangenheit und Zukunft eins sind und die Schicksale der Menschen gestalten.

Vor Mitternacht, bevor der neue Tag die Rauhnächte verdrängte und in die Vergangenheit schob, ging der Bauer und Hofmann in den Stall, neigte sich zu seinem Vieh und lauschte aufmerksam dem Murmeln der Tiere. Kühe, Ochsen, Pferde und Ziegen folgen ihrer Natürlichkeit, sie kennen keine Winkelzüge wie die Menschen, ihre Aufrichtigkeit ist auch ihre Wahrheit. Und in dieser Wahrheit sind auch die Zukunft und die Lebenswege der Menschen verborgen, die den ihnen anvertrauten Tieren Heim und Schutz bieten. Die Tiere sprechen miteinander und erklären sich gegenseitig die Nöte und Bedürfnisse der Menschen, mit denen sie zusammenleben. Wer sehr hellhörig die Sprache der Tiere in sich aufnimmt, kann nicht nur viel über sein Schicksal, sondern auch gute und verwertbare Hinweise für den Umgang mit der Familie und seinen Mitmenschen erfahren.

Wie wird das Wetter?

Da Wohl und Wehe der Bauern und Landwirte vom Wetter abhängig war, galt der erste Blick nach dem Aufstehen dem Himmel, den Wolken, dem Wetter, dem Wind. Galten die zwölf Rauhnächte als allgemeines Wetterorakel, so richteten viele der alten wetterkundigen Bau-

ern ihr besonderes Augenmerk auf den Dreikönigstag, den sie je nach Erfahrung oder Region in Stundenabschnitte einteilten. Gab es nach dem Sonnenaufgang in der ersten Stunde des Tages heftige Winde und große Verwehungen, schadete das dem Korn und den Feldfrüchten und brachte eine schlechte Ernte.
Je größer die Eiszapfen an Dächern und Traufen waren, desto länger wurde der Flachs. Und je mehr Regen von der Dachtraufe herabfloss, umso mehr Milch gaben die Kühe im neuen Jahr. Ebenso gibt es in den Stunden bis zum Sonnenuntergang viele Hinweise, Tipps und Anleitungen für die Tagesarbeit, für das Miteinander und die Steuerung auf dem zukünftigen Lebensweg.
Wer wusste, wie und wann er sein Feld bestellten sollte und mit welchen Früchten er die größten Erträge bekam, konnte zuversichtlich in die Zukunft sehen und war sich des Überlebens seiner Kinder und Nachkommen sicher und gewiss. Da das Wetter für die Landleute besonders wichtig war, wurden alle Veränderungen am Himmel teils mit Sorge, teils argwöhnisch beobachtet.

Dreikönig – 6. Januar

Großes Neujahr, Frau Hollenabend, Epiphanias

Am Dreikönigstag, dem Abschluss der Rauhnächte, konnte man die kommenden Witterungen mit folgendem Orakel ablesen: Jede Tagesstunde galt für einen Monat des kommenden Jahres. Legte man am Vorabend des Dreikönigstages zwölf Weizenkörner vor den Ofen, von denen jedes einen Monat bedeutete, konnte man am anderen Morgen ablesen, was einem in den nächsten Monaten bevorstand: Die Körner, die am weitesten fortgesprungen waren, versprachen Glück, Gesundheit und eine gute und reiche Ernte.

Manche Bauern zeichneten zwölf kleine Kreise an den Türrahmen. War das Wetter den ganzen Tag schön, blieb der Kreis unausgefüllt, war ein Teil des Tages oder der ganze Tag schlecht, wurde der Kreis zu einem Viertel bzw. halb oder ganz ausgefüllt. Am Dreikönigstag ging der Bauer in den Hühnerstall, um das Ei einer schwarzen Henne zu finden, das dann mit Schwung über das Hausdach geworfen würde, um dieses für das ganze kommende Jahr vor Blitzschlag zu schützen.

Von Zauberdingen und Wünschelruten

Im Grunde genommen reicht die Dreikönigsnacht nicht aus, um alle Orakel zu besetzen, alle Weissagun-

gen zu erfassen, die alten Bräuche nachzuvollziehen. Da ist es jedem selbst überlassen, was er für richtig erachtet oder für sich ausüben möchte.
Wer besonders feinfühlig ist oder »sensitiv«, wie die Rutengänger es formulieren, sollte sich am Dreikönigstag eine Wünschelrute schneiden. Am besten eignen sich dazu Zweige aus Haselnuss, Holunderäste oder – besonders für ganz sensible Menschen – kräftige Eichenzweige mit Blättern. Wer sich einer feineren oder weniger spektakulären Methode bedienen möchte, nimmt sich einen möglichst handgroßen Zettel und schreibt mit einem Bleistift seine Wünsche, Ziele und Hoffnungen darauf.
Die Wünsche müssen nicht exakt beschrieben werden, es reicht, wenn man sich beispielsweise das Wort »Gesundheit« notiert, diesen Gedanken aber auch mit aller inneren Kraft begleitet. Abstand von Menschen, die einem schaden könnten, nimmt man so, dass man den Namen der bestimmten Person aufschreibt, den Zettel dann zusammenknüllt und in einem feuerfesten Gefäß verbrennt. Am besten eignet sich dazu ein Wok, eine Eisenpfanne, die nach dem rituellen Verbrennen wieder richtig ausgewaschen und gereinigt werden muss. Es genügt aber auch ein normales Tongefäß, ein Blumentopf oder ein Steinkreis im Garten oder auf dem Feld, um die notierten Wünsche oder Bitten rückstandslos zu verbrennen.

So kann man sich viele Dinge und Unannehmlichkeiten von der Seele schreiben, indem man sie notiert, auch in Gedanken mit ihnen abschließt, sie verbrennt und damit in Rauch auflöst, der in die Lüfte steigt und in der Unendlichkeit verweht.
Das jagt die bösen Geister in die Flucht und ermuntert die guten Seelen zum Beistand und zur begleitenden Hilfe für die Tage bis zu den nächsten Rauhnächten und den Zwölften.

Orakel in der »Kleinen Rauhnacht«

Die Nacht zum Dreikönigstag ist eine wichtige Los- und Orakelnacht, auch »Kleine Rauhnacht« genannt, in der die Wilde Jagd noch einmal durch die Lüfte braust und übermütig und johlend über das Land hinwegstürmt. Odin versucht noch einmal mit aller Macht, seine Herrschaft einzusetzen. Ein letztes, dennoch vergebliches Aufbäumen. Die Percht zieht noch einmal übers Land, um den Menschen ihre Kinder zu rauben. Deshalb legte man die Kinder unter die Betten oder Wiegen, damit sie von den wilden bösen Geistern nicht entdeckt wurden. In der letzten Rauhnacht wurden noch einmal die Orakel bemüht, man goss Blei, um die Zukunft zu erfragen oder nachzuprüfen, ob die Aussagen der früheren Orakel auch wahr geworden sind. Liebesorakel, Treueorakel oder Bannsprüche wurden noch einmal herangezogen und ausgeführt.

Träume und Zukunftsspiele

Auch in der ausgehenden Rauhnachtzeit achtete man besonders aufmerksam auf Träume und Traumgesichter. Wer beispielsweise in der Nacht gegen ein Uhr aufwachte und im Traum einen Menschen, ein Gesicht gewahrte oder eine Vision erlebte, konnte im Juli, dem siebten Monat des Jahres (siebte Stunde nach Sonnenaufgang) den erhofften Geliebten erwarten. Träume wurden von den Menschen als Botschaften der Seele aufgefasst – der Begriff Unterbewusstsein war in weiten Kreisen der Bevölkerung nicht bekannt. Man deutete die eigenen Träume und die der anderen nach der eigenen Erfahrungswelt, vielfach auch nach mündlich überlieferten Erkenntnissen, die von Generation zu Generation weitergegeben wurden.

Träumte man in der Nacht, man stehe vor dem Himmelstor, so fand man Verlorenes wieder und hatte Glück im neuen Jahr, denn alle Wünsche gingen in Erfüllung. Nichts beschäftigt den Menschen so sehr wie die großen Lebensfragen: Liebe, Partnerschaft, Gesundheit. Wer wollte nicht wissen, ob ihm bald der oder die Zukünftige begegnete? Da es nur wenigen vergönnt war, einen Blick in die kommende Zeit zu werfen, bediente man sich allerhand Orakel und Zukunftsspiele.

- Ein beliebtes Spiel war das »Schuhwerfen«. Man setzte sich mit dem Rücken zur Tür auf den Boden und warf einen Schuh – meistens den linken, den Herzschuh – über die Schulter gegen die Tür. Die Richtung, in die

die Schuhspitze wies, wurde als Antwort gedeutet. War sie gegen die Tür gerichtet, würde man bald das Haus verlassen. Zeigte sie hingegen ins Zimmer, blieb man noch ein weiteres Jahr zu Hause.

- Wer an diesem Tag etwas stahl, ohne erwischt zu werden, würde auch im ganzen nachfolgenden Jahr nicht festgesetzt werden können.
- Was vom Weihnachtsgebäck noch übrig war, musste gegessen werden, sonst kam Unglück über das Haus.
- Beliebt war auch das Dreikönigsbad, denn wer an diesem Tag badete, blieb das ganze Jahr über gesund.
- Wer einen Löffel umgekehrt liegend fand, musste sterben.
- Wer im Dreikönigskuchen eine Münze, einen Loszettel oder eine Bohne fand, wurde König des Fests und durfte bestimmen, was den ganzen Tag über getan werden sollte.
- Im Rheinland war es Sitte und Brauch, an diesem Tag den Bohnenkönig oder die Bohnenkönigin zu wählen und zu bestimmen. In ein Gebäck wurden zwei Bohnen eingebacken, wurden diese gefunden, so übernahmen Bohnenkönig oder Bohnenkönigin das Herrschaftszepter.
- Zur Dreikönigsnacht musste der Perchta noch einmal ein Opfer hingestellt werden: Milch, Brot, Käse, aber auch Körner und Nüsse. Auch ein großer Schluck Bier. Wer faul war und nicht arbeiten mochte, dem schlitzte die Perchta schon einmal den Bauch auf.

Abschied von den Rauhnächten

Der Dreikönigstag beschließt den Reigen der Rauhnächte, die dunklen Nächte werden abgelöst von den immer länger werdenden Tagen, die Losnächte, die Zwölften sind vorbei. Odins Wilde Jagd ist zu Ende, das Licht siegt über die Dunkelheit, die Sonne steigt am Himmel immer höher, die bösen Geister und Schreckgespenster kehren in die tiefen Abgründe ihrer Dunkelheit zurück.

Um Mitternacht öffnete man alle Fenster, um mit dem aufkommenden Wind das neue Jahr einzulassen und zu begrüßen. Noch einmal wurden Haus und Räume mit neunerlei Kräutern (Wacholder, Birke, Kiefer, Tanne, Fichte, Esche, Buche, Hartriegel und Holunder) geräuchert, um auch die letzten Geister und Dämonen zu verjagen. Bannsprüche wurden ausgestoßen und man wünschte sich gegenseitig Glück und Gesundheit im kommenden Jahr.

Wetterorakel

- Dreikönig wächst der Tag,
  so weit ein Hirschlein springen mag.
- Ist bis Dreikönig kein Winter,
  so kommt auch keiner dahinter.
- Heilig Dreikönig sonnig und still,
  Winter vor Ostern nicht weichen will.
- Ist Dreikönig hell und klar,
  gibt's viel Wein im neuen Jahr.

Das Ende der Rauhnächte

Noch ein letztes Mal wurden am »Großen Neujahr« oder »Perchtentag« Häuser, Wohnungen und Stallungen mit Rauchpfannen und Rauchfackeln geräuchert, um die Anwesen gründlich zu reinigen und alle bösen Geister und Unholde endgültig zu vertreiben.
Der letzte Glockenschlag um Mitternacht kündete das Ende der Rauhnächte an.
Jetzt konnte man endlich wieder aufatmen und sich auf die kommenden Tage und Wochen, auf die schreckenslose Zeit freuen. Die zurückliegenden Rauhnächte gehörten der Vergangenheit an, die Tage wurden länger und länger, die Dunkelheit war gebannt, alles strebte nun dem Licht zu. Es gab wieder viel zu tun, denn so manche Arbeit war liegen geblieben oder hatte nicht ausgeführt oder abgeschlossen werden können. Nun bestimmte erneut der Alltag das Leben.

Auftritt und Abschied der Perchta

Noch sind die Schreckensbilder der Rauhnächte aber nicht ganz gebannt, denn die Dreikönigsnacht ist die erste Perchtennacht, wurde einst auch »Perchtentag« genannt. Die lichte Perchta (prehan = leuchten) war eine alte Wetter-, Schutz- und Naturgöttin, Schutzgöttin des Tages, in Süddeutschland auch als Frau Holle verehrt. Die Perchta durchwanderte Felder und Äcker und rief für die Erde den Segen für das kommende Jahr herab.

Perchta wachte über Aussaat und die Ernte und besonders über das Spinnen. Perchtas Tag oder ihre Nacht wurde mit vielen Ritualen gefeiert.

- In den Perchtenläufen trug man schreckerregende Masken, tanzte, lärmte, johlte, knallte mit den Peitschen, sprang über die Äcker. Wer am höchsten sprang, dessen Getreide wuchs auch am höchsten.
- Es gab Masken mit zweierlei Gesichtern: eine »schiache« (hässliche), Angst einflößende Perchta, aber auch die lichte, schöne, strahlende.
- In der zwölften und letzten Rauhnacht des Jahres musste alles Weihnachtsgebäck aufgegessen worden sein, da das neu begonnene Jahr sonst nur Unglück und Missgeschick mit sich bringen würde.
- Am Vorabend des Perchtentages war das Spinnen streng verboten, ebenso wie viele andere Hausarbeiten.
- Stand vor dem Haus ein Holunderbaum, stand er unter dem Schutz der Perchta, der Hollermutter, denn der Holunder war und ist die Pflanze der Göttin und brachte Segen und Heil.

Perchtas Herrschaft ist am Dreikönigstag zu Ende, auch sie muss gehen und sich von den Menschen verabschieden. Die immer kraftvoller werdende Sonne zwingt den Winter mit seiner grausamen Kälte zurück in seine eisige Welt, zurück in sein menschenfeindliches Reich. Nach altem Brauchtum stellte man für die Perchta und ihr Gefolge einige Speisen in einigem Abstand vom Anwesen auf die Erde (siehe Seite 121). War das Essen am nächsten Tag verschwunden, schützte Frau Perchta/Frau Holle Gebäude und Bewohner.

Sein Traumholz finden

Frau Holle/Perchta machte sich oft einen Spaß daraus, und ließ irgendwo in der Nähe der Hoftür ein Stück Holz von der Länge einer Hand zurück. Wer dieses Holz fand, konnte sich glücklich schätzen. Eigenartigerweise war es entweder ein Stück von einem Holunder- oder Wacholderstrauch. Wer es fand und in der Hand gehalten hatte, durfte es auch nicht mehr weggeben. Es hatte sich den Finder ausgesucht – und war ihm von Perchta zugedacht. Das Traumholz wurde am Abend vor dem Einschlafen in eine Hand genommen, mit den Fingern tastete man die Rinde des Holzes ab, bis einem das Muster vertraut war. Mit tiefen und gleichmäßigen Atemzügen gab man sich nun ohne Hast und Eile dem Schlaf und Traumerleben hin.

Das ist eine Traumübung, die sich leicht nachvollziehen lässt. Es bedarf auch keines Fokussierens mehr auf einen bestimmten Monat, wie bei den Rauhnacht- und Orakelträumen. Lassen Sie sich langsam in den Schlaf sinken, spüren Sie, wie Sie immer schwerer werden, und empfinden Sie die wohltuenden Schwingungen, die von Ihrem Traumholz ausgehen. Sie notieren nach dem Aufwachen Ihre Empfindungen und Eindrücke und halten alles fest, wie Sie es bisher auch getan haben. Wenn Sie jetzt wie in Trance schreiben, ohne sich zu besinnen, welchen Sinn und Inhalt Ihre Notizen haben, lassen Sie es geschehen. Schreiben Sie einfach!

Wahrscheinlich haben Sie unbewusst Zugang zur anderen Seite, zur Anderswelt, zu Ihrem eigenen Selbst gefunden und erhalten nun unschätzbare Ratschläge und Hilfen für das kommende Jahr – für Ihr Jahr!

Register

Auswahl aus unserer Kompakt-Reihe:

Baur/Thurner: **Die besten Pilates-Übungen**
ISBN 978-3-86374-272-0

Bloos: **Heilsteine**
ISBN 978-3-86374-311-6

Bueß-Kovács: **Eisenmangel**
ISBN 978-3-86374-290-4

Donhauser: **Vegan kompakt**
ISBN 978-3-86374-252-2

Frohn: **Das kleine Buch der Hausmittel**
ISBN 978-3-86374-264-5

Hätscher-Rosenbauer: **Kleine Augenschule**
ISBN 978-3-86374-314-7

Harnisch: **Moringa oleifera**
ISBN 978-3-86374-193-8

Höfler: **Energiequelle Beckenboden**
ISBN 978-3-86374-420-5

Höfler: **Kleine Rückenschule**
ISBN 978-3-86374-329-1

Li/Klitzner: **Heiltees**
ISBN 978-3-86374-184-6

Lohmann: **Laborwerte verstehen**
ISBN 978-3-86374-158-7

Merz: **Rauhnächte**
ISBN 978-3-86374-416-8

Neumayer: **Heilen mit Zahlen**
ISBN 978-3-86374-208-9

Neumayer: **Multitalent Zink**
ISBN 978-3-86374-317-8

Reik: **Sicher als Frau**
ISBN 978-3-86374-299-7

Reik: **Tai Chi für zwischendurch**
ISBN 978-3-86374-377-2

Reim: **Faszien**
ISBN 978-3-86374-287-4

Reim: **Taping**
ISBN 978-3-86374-361-1

Reim: **Thera-Band**
ISBN 978-3-86374-426-7

Rias-Bucher: **Garten-Smoothies**
ISBN 978-3-86374-199-0

Rias-Bucher: **Keimlinge und Sprossen**
ISBN 978-3-86374-364-2

Rias-Bucher: **Smoothies für Körper, Geist und Seele**
ISBN 978-3-86374-164-8

Röcker: **Heilen mit Bachblüten**
ISBN 978-3-86374-161-7

Schwinghammer: **Knigge kompakt**
ISBN 978-3-86374-258-4

Sommer: **Sven Sommers Homöopathische Haus- und Reiseapotheke**
ISBN 978-3-86374-010-8

Spitz/Grant: **Vitamin D**
ISBN 978-3-86374-178-5

Straubinger: **Säure-Basen-Balance**
ISBN 978-3-86374-255-3

Winter: **Abnehmen ist leichter als Zunehmen**
ISBN 978-3-86374-126-6

Wolffskeel: **Die 12 Salze des Lebens**
ISBN 978-3-86374-129-7

Wormer: **Bluthochdruck**
ISBN 978-3-86374-380-2

Wormer: **Diabetes**
ISBN 978-3-86374-383-3

Wormer: **Fibromyalgie**
ISBN 978-3-86374-211-9

Wormer: **Hashimoto**
ISBN 978-3-86374-175-4

Wormer: **Natürliche Antidepressiva**
ISBN 978-3-86374-423-6

Wormer: **Tinnitus**
ISBN 978-3-86374-275-1

Alles auf einen Blick:
www.gesundheit-kompakt.info

Unsere Bücher erhalten Sie bei Ihrem Buchhändler! Besuchen Sie auch unsere Internetseite mit Bestellmöglichkeit, Internetforum, Leseproben, Veranstaltungstipps und Newsletter: **www.mankau-verlag.de**

man kau